Dados Internacionais de Catalogação na Publicação (CIP)
(Câmara Brasileira do Livro, SP, Brasil)

Posso escolher o meu futuro? / Fátima D'Agostino, (org.) . –
São Paulo : Cortez : Osasco, SP : Instituto Tecnológico de
Osasco, 2007.

Bibliografia
ISBN 978-85-249-1236-8

1. Cidadania   2. Jovens – Trabalho   3. Projeto Juventude
Cidadã   I. D'Agostino, Fátima.

07-1476   CDD-331-34

Índices para catálogo sistemático:

1. Jovens : Cidadania e trabalho : Economia   331.34

Posso escolher o meu futuro?

Fátima D'Agostino (Org.)

Posso escolher o meu futuro?

CORTEZ
EDITORA

POSSO ESCOLHER O MEU FUTURO?
Fátima D'Agostino (Org.)

Editoração e capa: Anderson Paro
Fotos: Marcio Pereira da Silva e Sérgio Gobatti
Revisão: Ana Mello - MTB 16920

Direitos para esta edição
CORTEZ EDITORA
Rua Bartira, 317 — Perdizes
05009-000 — São Paulo-SP
Tel.: (11) 3864-0111   Fax: (11) 3864-4290
e-mail: cortez@cortezeditora.com.br
www.cortezeditora.com.br

Impresso no Brasil — março de 2007

Muitos são obstinados no tocante ao caminho uma vez tomado, poucos no tocante aos objetivos.

Nietzsche

Todos nós temos desejos. O que nos diferencia uns dos outros é somente o caminho escolhido para vivenciar aquilo que nos dá prazer, e o que nos torna digno é o respeito à escolha do outro.

Agradecimentos
Olga Kalil Figueiredo

Nós, integrantes da equipe, registramos aqui nossa gratidão às pessoas que, por desenvolverem suas atividades diárias com responsabilidade, contribuíram positivamente para o andamento do projeto.

Alexandro Souza Rocha

Antonio Carlos Paes de Lira

Aparecida Zupa

Bruna Elizane de Oliveira

Clóvis José da Silva

Elaine Cristina Bueno

Ellen Cristina da Silva

Hamilton A. dos Santos

José Horácio Delfino

José Josivaldo Domingos dos Santos

Kátia Aparecida Tomaszewska

Orlando Antonio do Rego

Rose Camargo

Shirlene Aparecida Camargo Venancio

Suely Silvania de Freitas

Vânia Alves da Fonseca Lindo

Wanderley Luciano

Sumário

Prefácio

É muito prazerosa a tarefa de apresentar este livro e o trabalho desenvolvido pelo Projeto Juventude Cidadã. Sem a pretensão de causar impacto, o conteúdo nos mostra uma faceta da inclusão que, dada a generalidade de aspectos que a envolvem, não significa simplesmente o jovem ter acesso ao projeto ou à qualificação profissional, mas, sim, o jovem sentir-se pertencente a um grupo sensibilizado para que as diferenças sejam aceitas e respeitadas, o que leva ao fortalecimento de sua auto-estima.

Quando a Fundação Instituto Tecnológico de Osasco — FITO aceitou o desafio de executar conjuntamente com outras entidades e sob a coordenação da Secretaria de Desenvolvimento, Trabalho e Inclusão, a equipe vislumbrou a oportunidade ímpar que se iniciaria com o acolhimento desses meninos e meninas à convivência desafiadora das diferenças sociais em uma instituição tradicionalmente tida como inacessível à classe baixa, principalmente pela qualidade de ensino.

O projeto, que faz parte do PNPE - Programa Nacional de Estimulo ao Primeiro Emprego, do governo federal, ofereceu a 1.200 jovens entre 16 e 24 anos qualificação profissional, formação em cidadania, estímulo e apoio efetivo à escolaridade, além do desenvolvimento de um serviço social comunitário nas áreas de interesse. A FITO ofereceu 16 cursos de qualificação profissional, com duração de seis meses. O projeto teve início em setembro de 2006.

Na ocasião, cheguei a pensar: "Quantos de nós ousamos mudar e questionar a ordem vigente na construção de um novo paradigma? Quantas possibilidades não foram negadas a estes jovens, reflexo de anos e anos da consolidação de uma sociedade injusta e niveladora que acaba anulando a iniciativa dos jovens, ao passo que deveria ser diversificadora e incentivadora?"

Os projetos sociais passam, também, pelo processo de romper barreiras; por isso sempre estão vinculados à Educação. Vale lembrar que a instituição escolar, ao longo da história, tornou-se um núcleo isolado e impermeável à exclusão social gerada pelo contínuo processo de globalização. A falta de perspectiva que os jovens vêm sentindo é reflexo da escola que temos, com professores e professoras, alunos e alunas desmotivados e, mais ainda, com conteúdos impostos e programados de forma descontextualizada e distante daquilo que evidencie a sua utilidade e desperte o seu interesse, culminando na reprodução das desigualdes sociais.

Os projetos sociais estão trazendo para dentro da escola, mesmo com as dificuldades iniciais, a realidade que, muitas vezes, a sociedade nega por mecanismos diversos. Com eles, o jovem é orientado a construir seu conhecimento, interagindo no convívio social.

Por meio desta experiência, muitas possibilidades foram apresentadas para que o educador, ao trilhar vias indiretas e interagir num novo espaço, auxilie no desenvolvimento do jovem e contribua efetivamente para a construção de seu conhecimento. Assim, o projeto proporcionou uma oportunidade de ampliação da percepção do educador, no momento em que o chama ao desafio de atuar num contexto de desigualdades e transformar a realidade. A convivência constitui caminhos para a mudança de atitudes.

O desafio de romper estas barreiras foi lançado e convido a todos e todas para a leitura das experiências vivenciadas. Que este relato incentive, aproxime, socialize e humanize as relações.

Benedito Domingos Mariano

Introdução

Posso escolher o meu futuro?

O Projeto Juventude Cidadã e seu desenvolvimento na
Fundação Instituto Tecnológico de Osasco — FITO

Conservar a própria identidade e manter a opção por
uma qualificação profissional, diante de um projeto que reú-
na muitos jovens, é tarefa difícil para qualquer um. Tanto
neste percurso como na escola, nos grupos sociais ou nas
agremiações, é inegável a influência da voz da maioria ou
das condições impostas pelo sistema sócio-econômico.

As políticas públicas implementadas para atender a
juventude consideram esta camada da população como
agentes ativos que possam implementar transformações,
mas os resultados obtidos, em geral, demonstram que esta
mesma camada continua como objeto passivo.

Se, por um lado, os jovens apresentam uma demanda,
ainda que expressa de maneira informal, esta se constitui
numa proposta política e exige de nós ações a ela direcionadas. Por outro lado a juventude, não sendo nem estática nem
uniforme, traz à tona questões de âmbito pessoal que devem
ser consideradas, o que nos remete à realidade plural.

Se entendermos juventude como um momento da vida
em que se fortalece a identidade, esta só é concebida pela

relação social permeada pelo reconhecimento de si próprio e pelo conhecimento das diferenças. Tudo isso só é possível por meio da convivência em grupo.

Nesse sentido, este trabalho tornou-se uma experiência privilegiada para que o desenvolvimento individual do jovem ocorresse em meio às relações sociais correntes. Nessa interação, o jovem tornou-se objeto ativo e teve sua origem social respeitada.

No entanto, toda mudança de paradigma precede ajustes e aceitação de todas as partes envolvidas. Isto nos levou a ter que trabalhar, junto aos professores e professoras, o conceito de educador, pois com muita freqüência e para nós sempre motivo de estranheza, os educadores foram chamados para repensar suas atitudes, diante do estreito convívio, margeado pela informalidade apesar da seriedade do trabalho.

O Projeto Juventude Cidadã chegou à cidade de Osasco por meio da Secretaria de Desenvolvimento, Trabalho e Inclusão — SDTI. A Fundação Instituto Tecnológico de Osasco — FITO foi uma das executoras do Projeto, atendendo a 1.200 jovens.

Parte integrante do PNPE — Programa Nacional de Estimulo ao Primeiro Emprego, do governo federal, o propósito do Juventude Cidadã é oferecer aos jovens de 16 a 24 anos, oriundos de famílias de baixa renda, que estejam cursando ou tenham concluído o ensino médio, a oportunidade de exercer atividades, inclusive práticas, que agreguem valores ao ensino básico, contribuindo para sua formação pessoal, social e profissional.

O objetivo é criar condições para o desenvolvimento de novas habilidades e potenciais, especialmente aqueles direcionados à perspectiva de construção de alternativas de geração de trabalho e renda. Pretende-se, com tal enfoque, que os jovens não sejam obrigados a recorrer às estratégias precárias de sobrevivência.

Como este projeto tem duração de 600 horas — distribuídas entre qualificação profissional, cidadania e direitos, estímulo e apoio à elevação de escolaridade, serviço social voluntário e inserção no mercado de trabalho —, a convivência entre educadores e jovens foi diária pelo período de seis meses, permitindo que viessem à tona receios, angústias e preconceitos. Enfim, as relações foram marcadas por conflitos diários: cabe observar que, no geral, os projetos sociais são desenvolvidos em locais onde há envolvimento da população atendida ou perto de suas moradias, seja o espaço público ou privado. É prática manter os grupos sociais em seus territórios de ação.

A FITO é uma instituição educacional que atende a cerca de 6.000 alunos e alunas nas modalidades de ensino fundamental, ensino médio, ensino técnico, graduação, cursos livres de música, dança e teatro, além de atividades culturais que o Conservatório Villa-Lobos, vinculado à instituição, oferece a toda a cidade. O Projeto Juventude Cidadã agregou no mesmo espaço desta educação formal cerca de 1.200 jovens mais uma equipe de 55 educadores, dentre os quais 27 já trabalhavam na Fundação.

Mesclar o desenvolvimento do projeto com a rotina da escola foi uma decisão audaciosa; mais ainda, foi provocar o confronto diário entre o formal e o informal, entre os jovens da classe baixa e os da classe média, o mestre e o educador, a divisão do espaço e o território.

Este livro não tem a intenção de apontar as falhas ou exaltar o sucesso do programa, mas a pretensão de contribuir com o registro de todas as angústias, as vitórias, os avanços, as expectativas, as frustrações, enfim, todas as fases que ocorreram desde a implantação até o final do percurso.

É fato que, apesar de todos passarmos pela fase da infância e da juventude, quando atingimos a idade adulta é comum nos esquecermos de que ser jovem não é estar paralisado; ao contrário, é ser ator social em movimento e com realidade plural. Há pontos em comum entre todos eles e pontos que divergem, segundo as histórias de vida de cada um e como elas se desenrolaram.

O mais interessante é constatar que tanto os projetos como a educação formal estão, geralmente, apartados dos desejos expressos pela juventude. Quantos de nós já não nos esquecemos disso?

A pesquisa realizada durante o projeto teve a intenção de nos permitir conhecer os desejos, as angústias e as dificuldades enfrentadas no processo. Mas, enquanto coordenadores do projeto, vivenciamos de maneira muito próxima as dificuldades e os avanços de cada um dos envolvidos. Esta é a experiência que mostramos aqui, o resultado de escolher o fascinante caminho, antes desconhecido por nós, onde é possível conciliar as metas de um projeto formatado para receber milhares de pessoas, com o atendimento das demandas individuais, seja aluno, aluna, professor, professora, funcionário operacional, inspetor de alunos ou monitor de grupo.

Fátima D'Agostino e *Marcelo Manfrinato*

Capítulo I

O jovem

Algumas considerações sobre o mercado de trabalho

Uma das maiores preocupações dos jovens, de qualquer classe social, é a incerteza de uma vaga no mercado de trabalho — e esta questão não está limitada ao Brasil, mas atinge o mundo todo.

O emprego, além de significar um marco no início da vida adulta, traz implícita a responsabilidade da autonomia financeira, isto é: o vínculo da dependência familiar é rompido mais bruscamente ainda quando o núcleo em que este jovem está inserido sobrevive em condições precárias. É nesse momento que ele se depara com uma realidade muito difícil, um mercado cada vez mais competitivo, marcado pela individualidade e ao mesmo tempo mais cruel que a sua condição anterior de dependência. Este mercado, em que todos procuram um lugar, abriga os mais qualificados — ou seja, os mais preparados —, excluindo uma grande parcela da população que não teve acesso a uma escola que preparasse para o enfrentamento dessa situação.

Todos temos dúvidas quanto ao futuro, mas para o jovem é real a sensação de que, a cada dia que passa, há milhares de oportunidades perdidas, enquanto sempre haverá alguém mais qualificado e mais apto para enfrentar tais adversidades.

À frente deste projeto, é nessa hora que nos vem um pensamento angustiante: como os jovens que apenas cursaram ou cursam o ensino médio e não possuem nenhuma especialização, e que por diversos motivos se vêem distantes da possibilidade de cursar uma faculdade, devem se sentir? É possível que eles percam as perspectivas, os sonhos, e passem a acreditar na realidade do desemprego ou de subempregos.

Vale sempre lembrar que é exatamente o jovem quem carrega vontade de mudança. É o jovem quem carrega a energia de quem quer entrar na vida produtiva e fazer o seu caminho construindo o seu mundo. É ele quem anseia por mudanças sociais, onde lhe sejam oferecidas chances de inserção no mercado de trabalho. Criar oportunidades para que estes jovens desfrutem de uma vida plena, com os direitos básicos garantidos, é o maior desafio das políticas públicas.

Ocorre que a situação atual leva este jovem, que tinha anseio por mudanças e força de vontade para o trabalho, a acreditar que a falta de oportunidade não é um problema do sistema social mas, sim, por sua culpa. Ao internalizar o sentimento de inferioridade, perde o que é uma das maiores qualidades da juventude, a criatividade. Por isso, um país que anseie crescer, que anseie por uma mudança seja no plano social, político, econômico ou cultural, antes de tudo precisa mais do que investir: precisa acreditar naqueles que carregam essa vontade.

O Projeto Juventude Cidadã

Para não ficar no campo das interpretações e das impressões obtidas pela coordenação, educadores e funcionários na relação diária com os jovens, elaboramos e aplicamos uma pesquisa com todos os atendidos pelo projeto, para saber a dimensão exata desta convivência e o impacto dessas relações no cotidiano dos jovens.

A pesquisa apontou que a expectativa inicial de 79% dos entrevistados era a de conseguir emprego após a conclusão da qualificação profissional.

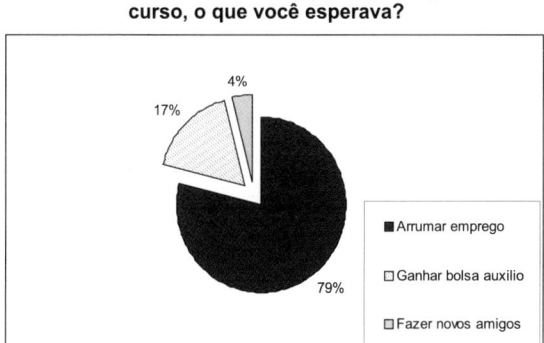

Quando você foi chamado(a) para participar do curso, o que você esperava?

4%
17%
79%

■ Arrumar emprego
□ Ganhar bolsa auxilio
□ Fazer novos amigos

Porém, alguns conflitos foram revelados. Quando questionados sobre como se sentiam na instituição, 67% declararam sentir-se bem tratados, mas, no espaço livre para manifestação, 80% disseram ter sofrido discriminações, tanto por parte dos alunos do ensino regular quanto pelos funcionários.

Houve relatos de que a culpa de tudo que acontecia de ruim na escola era atribuída ao grupo do Juventude Cidadã. Segundo estes depoimentos, alunos do ensino regular afrontavam diretamente integrantes do grupo, em sinal de desrespeito, jogando moedas no chão, insinuando que eles

Como você é tratado(a) na Instituição?

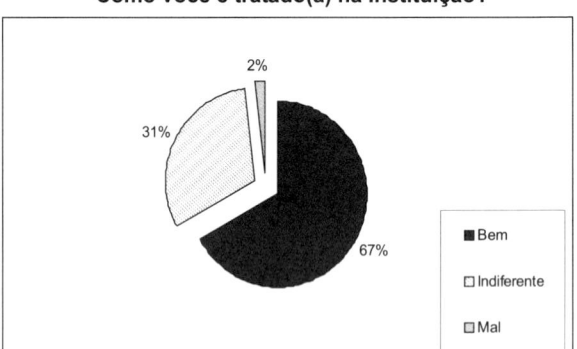

eram mendigos. Alguns sentiam a indiferença dos funcionários para com eles, achavam que eram desrespeitados devido à classe social a que pertencem. No entanto, 20%, sentiram-se bem, consideraram todos os funcionários bem-educados, ficaram à vontade na instituição.

Em relação ao uso do espaço, os entrevistados julgaram o ambiente limpo e agradável, e o compararam à situação das escolas estaduais que freqüentam. Quanto aos recursos pedagógicos utilizados, como, por exemplo, o laboratório de informática, os jovens reclamaram das restrições ao acesso, permitido somente com o professor responsável pela disciplina.

O Projeto Juventude Cidadã dispõe, para o jovem participante, de uma bolsa auxílio de R$120,00 pelo período de cinco meses, perfazendo um total de R$ 600,00. Esta bolsa é creditada em conta-benefício aberta pelo Ministério do Trabalho e Emprego, exclusivamente para tal finalidade. Ocorre que, além de ser obrigado a ter freqüência mínima de 75% nos cursos de qualificação profissional, cidadania e direitos, e estímulo à elevação de escolaridade, estes jovens precisam cumprir 25 horas mensais de serviço comunitário voluntário para ter direito ao benefício, perfazendo um total de 125 horas durante o projeto. A bolsa só começa a ser liberada após 30 dias de comprovação da prestação de tal serviço.

Este trâmite burocrático entre a prestação do serviço, o envio de relatório de comprovação de freqüência, a regularização junto ao banco (abertura de conta) e o efetivo recebimento acarretou no atraso da primeira parcela, gerando conflitos, desistências e revolta em muitos jovens.

Quanto à qualidade do ensino, a maioria julgou que havia bons profissionais responsáveis pelas aulas e mostrou confiança quanto à qualidade dos professores e da FITO.

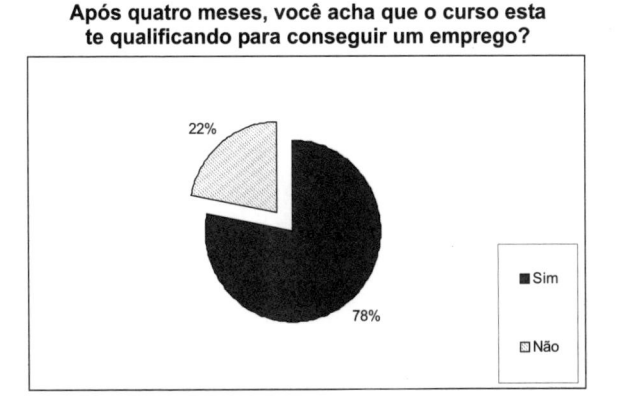

Após quatro meses, você acha que o curso esta te qualificando para conseguir um emprego?

22%

78%

■ Sim

□ Não

Estavam felizes por terem a oportunidade de estudar nessa escola. Demonstraram, na pesquisa, satisfação e orgulho por aumentar seu conhecimento, aprender coisas novas.

Por que você vem para o curso?

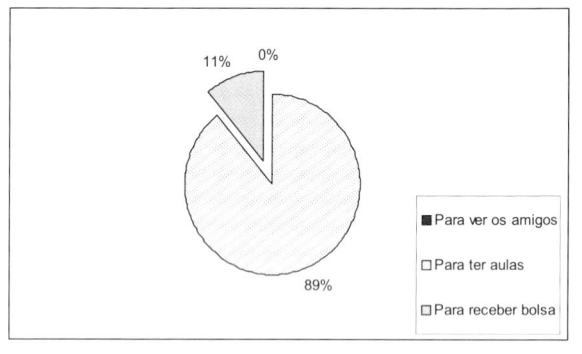

Um dos motivos expostos por grande parte dos que disseram sentir-se bem foram os amigos conquistados.

Como você se sente na FITO

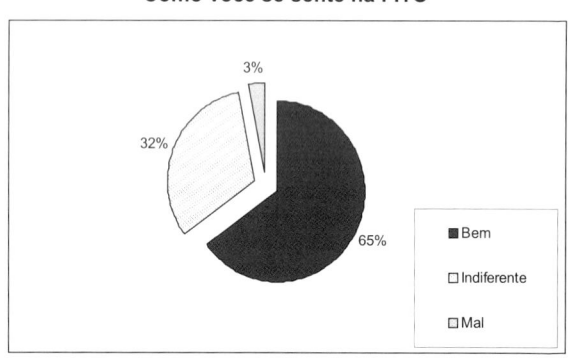

Na questão 'o que você mudaria no projeto?', 90% dos jovens apontaram o serviço civil voluntário. Sugeriram que ele fosse mais específico, como um estágio, não uma abordagem de temas gerais como meio ambiente e cultura. Outro argumento usado foi que o projeto deveria ter o envolvimento dos professores e não somente dos alunos e dos monitores.

O que você mudaria no projeto?

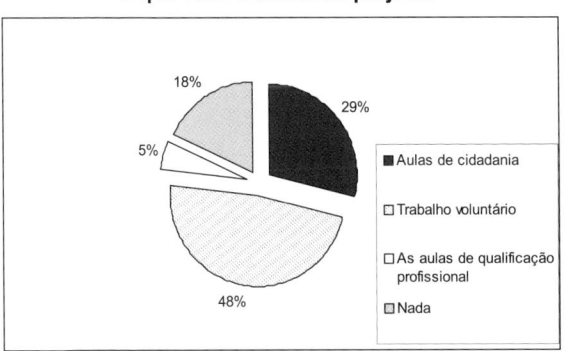

Reclamaram da falta de organização ou informações, sentiram-se à margem do processo, sem voz, sem receber a atenção devida, sem um atendimento satisfatório. Respostas complementares indicam que os responsáveis estavam melhorando nesse aspecto, tentando atender melhor os alunos.

Um breve olhar sobre o Panorama Nacional

O Relatório do Desenvolvimento Juvenil, realizado pela UNESCO e lançado em 2004, traz informações a respeito da situação do jovem brasileiro. Entre as áreas contempladas encontram-se educação e renda. Foram escolhidos indicadores e um Índice de Desenvolvimento Juvenil (IDJ) capaz de revelar a qualidade de vida dessa população e sua vulnerabilidade.

O IDJ obtido ainda mostra que há uma desigualdade na distribuição de renda, originando assim diferentes formas de acesso à educação. Com isso, a dificuldade de obter esse serviço de qualidade pode influenciar negativamente no cotidiano dos jovens, que se sentem em desvantagem para ingressar no mercado de trabalho.

O difícil acesso a uma boa educação e a uma vaga no mercado de trabalho aumenta o número de jovens sem profissão ou atividade.

Gráfico dos anos de estudo de jovens de 15 a 24 anos

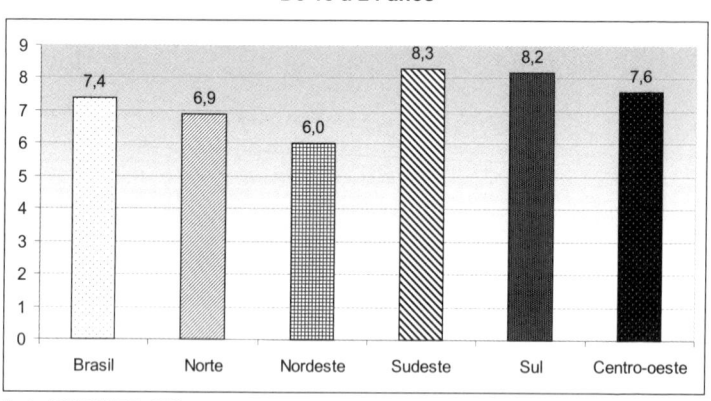

De 15 a 24 anos

Fonte: FNAD / IBGE, 2001

A situação no Brasil, para os habitantes de faixa etária entre 15 e 24, não é uma das mais confortáveis. A média nacional de anos de estudo é de 7,4, o que não permite ao indivíduo concluir o ensino fundamental. A média para região Sudeste é maior: 8,3 anos.

Se comparados a essa realidade, os jovens que freqüentam o Juventude Cidadã têm uma maior perspectiva sobre o futuro. Eles cursam ou concluíram o ensino médio, o que lhes dá uma média de estudo de 11 anos.

Gráfico da RFPC em salário mínimo dos jovens de 15 a 24 anos

De 15 a 24 anos

Brasil	1,46
Norte	1,11
Nordeste	0,82
Sudeste	1,81
Sul	1,71
Centro-oeste	1,67

Fonte: FNAD / IBGE, 2001

Podemos analisar pelo gráfico que a renda familiar *per capita* média no Brasil é de 1,46. Já para a região Sudeste, esse valor fica em 1,81.

Os alunos do projeto têm renda *per capita* inferior a ½ salário mínimo, o que nos indica que essa população necessita mais de incentivo e de um curso de qualificação profissional.

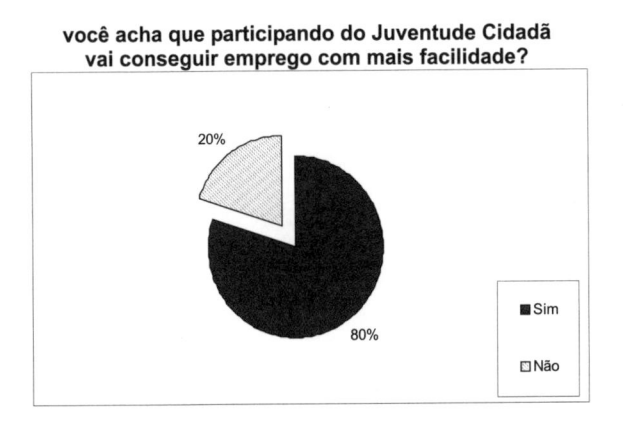

você acha que participando do Juventude Cidadã vai conseguir emprego com mais facilidade?

20%
80%
■ Sim
□ Não

Ao se matricularem nos cursos oferecidos pela FITO, os jovens já haviam passado por um processo de cadastro na Secretaria de Desenvolvimento, Trabalho e Inclusão, onde haviam feito opção por três cursos de interesse. Sendo assim, chegaram à FITO já encaminhados para os cursos — nós só precisaríamos formalizar folhas de freqüência e outros trâmites burocráticos para início das atividades. No entanto, o desapontamento e a frustração foram tamanhos que conseguimos redimensionar as turmas e inseri-las nos cursos de preferência, muitas vezes em opções que divergiam das três apontadas no início do processo. Este fator contribuiu para que os jovens tivessem mais prazer em vir para as aulas.

Você esta fazendo o curso que gostaria?

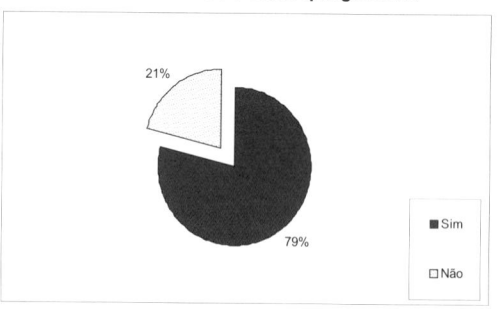

Mesmo com atraso na bolsa auxilio, você sente prazer em vir para o curso?

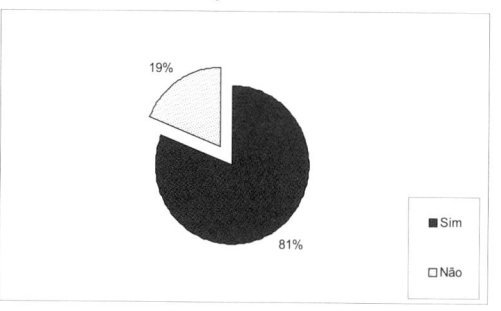

De nossa experiência com projetos sociais concluímos que a tendência pedagógica que prevalece na escola e, conseqüentemente, nos projetos, não garante à sociedade a liberdade de associação e de expressão na qual não existam distinções ou privilégios de classe hereditários ou arbitrários.

As circunstâncias globais de valorização das potencialidades do jovem contrastam com a resistência interna dos educadores que, de maneira geral, reproduzem sua formação teórica em sala de aula.

Partindo da queixa apresentada pelos jovens e da proposição de mudança na maneira de ensinar, concluímos que a interação entre educador e educando é fundamental no processo de aprendizagem. Os jovens demonstraram insatisfação em relação a alguns educadores e à maneira como os conteúdos foram apresentados, ao excesso de rigor cobrado em sala de aula, e da comunicação inexistente entre ambos. A riqueza deste projeto, implementado dentro de uma escola regular, é que todas as feridas do sistema educacional ficaram expostas. Este foi um grande passo para que alguns educadores aceitassem rever seus conceitos, contribuindo para que o projeto cumprisse com o objetivo a que nos propusemos, que ia muito além da qualificação social e profissional dos jovens.

Temos consciência de que o professor e a professora, acumuladores dos saberes, habituados ao sistema educacional, ou seja, à *praxis* de transmitir ao educando seu conhecimento impedindo que o conhecimento seja produzido, impossibilitam a troca de experiências e a vivência compartilhada. Essa visão, que pertence ao passado mas é praticada no presente, reflete um futuro não muito promissor e o fracasso de projetos que poderiam ser o mote para uma mudança social, uma vez que poderiam estar contribuindo para que o jovem se posicione dentro de um Estado livre.

Para tanto, o que vimos neste projeto foi uma trégua sobre o comportamento individualista, verticalista, e a transmissão unilateral de conhecimento sobre o que é e como é. Os educadores vivenciaram que o ensinar implica também o aprender e, principalmente, criaram a atmosfera necessária do aprender a aprender ensinando.

A questão central para estes jovens não é o indiscutível conhecimento que o professor e a professora detêm sobre o conteúdo a ser discutido, da mesma forma que é inquestionável a responsabilidade ética sobre a forma de colocar o conteúdo a ser resolvido. O choque para estes jovens foi encontrar, nos cursos oferecidos de Auxiliar Administrativo, Recursos Humanos e Secretariado, os mesmos vícios e intolerância vivenciados nas escolas em que estudam ou estudaram, uma vez que os mesmos tiveram uma grade com disciplinas que iam desde português e matemática até as específicas de qualificação profissional, o que resultou em uma grade parecida com a do ensino regular.

Convém esclarecer que nos cursos de Operador de Câmera, Editor de Imagem, Assistente de Iluminação, Operador de Áudio, Operador de Mixagem-DJ, Assistente de Produção, Fotógrafo, Assistente de Cenografia, Musical para Teatro, Eletricista Predial, Luthier, Manutenção de Edificações e Auxiliar de Contabilidade, os jovens não apresentaram problemas de entrosamento com os educadores, uma vez que são cursos totalmente práticos. Os educadores encontraram, sim, dificuldade na aplicação das avaliações periódicas, uma vez que *"os conhecimentos de matemática e mesmo de aritmética elementar e o conhecimento sofrível da língua portuguesa, em que muitos não sabem se expressar.... a medida que as aulas foram avançando e, principalmente, através de muitas aulas práticas, os jovens se mostraram motivados e podemos afirmar que o grupo está totalmente integrado e bastante interes-*

sado e participante das aulas". Suneaki Yshimaru, professor de Instalações Elétricas.

Concluímos que o projeto serviu de laboratório de análise da sociedade em que vivemos com resultados surpreendentes, uma vez que houve compromisso e empenho político para uma convivência pautada no respeito e na troca de experiências. É assim que começaremos a entender o papel da educação e o nosso próprio papel. Os jovens desejam, apenas, serem respeitados como pessoas para serem desafiados a construir uma nova sociedade, com oportunidades de auto-realização justa e equânime.

Capítulo II

Posso ser um cidadão?

Discussão, reflexão e atitude: caminhos para a cidadania

O Projeto Juventude Cidadã desenvolvido pela FITO visou fornecer aos jovens uma qualificação profissional — tornando-os aptos para atuação no mercado de trabalho — , além de subsídios para situá-los politicamente na sociedade em que vivem. Para isso, além das aulas dos cursos específicos, contou com as aulas de cidadania, desenvolvidas por educadores de diversas áreas de formação: pedagogia, geografia, letras, artes, educação física e outras.

O conteúdo foi elaborado conjuntamente pelos educadores antes do início do projeto e, em seu decorrer, foi sendo readequado de forma a atender à demanda dos grupos. Foram utilizados como instrumentos pedagógicos textos, músicas, filmes, debates, reportagens de jornais, artigos de revistas e consultas à internet. Os educadores primaram para que o conteúdo do curso abrangesse conceitos que tivessem condições de serem aplicados tanto na vida pessoal quanto na futura vida profissional dos jovens investidos na qualidade de cidadãos.

De acordo com esse tipo de direcionamento da elaboração do conteúdo, a educadora Edineuza Antunes Villoslada ressalta:

> "No desenvolvimento das aulas de cidadania procurei partir da experiência trazida pelos jovens de uma maneira geral. Procurei conversar com eles, trabalhando em grupos, solicitando deles relatos sobre a experiência de vida que eles portavam. A partir da realidade apresentada, foram planejados tanto o conteúdo como a forma de abordá-lo."

Na abordagem do conteúdo também houve uma preocupação dos educadores quanto à atualização da disciplina. Eles consideravam que a disciplina de cidadania não deveria só abranger leis, estatutos, direitos e deveres, como é comum acontecer, mas igualmente deveria conter aspectos em que o jovem pudesse obter uma visão ampla do mundo e pudesse perceber a importância de ler, informar-se e freqüentar cursos, como podemos observar no depoimento do educador Carlos Eduardo Leonardo Alves:

> "Além dos direitos e deveres que todos os cidadãos devem saber, comentei sobre os principais fatos ocorridos no mundo ao longo da nossa história. Com isso, tentei fazer com que eles absorvessem a importância de cultura, conhecimento e de sempre estar buscando e se atualizando, para não serem objetos que alimentem o sistema. Em uma reflexão pura e objetiva, tivemos a certeza de que o projeto teve a sua meta cumprida. Afinal, formamos e ajudamos esses jovens a disputar com condições melhores o mercado de trabalho e ainda reforçamos a cidadania de cada um, com uma carga de esperança e, principalmente, de auto-estima".

O conflito social entre os alunos da FITO e os do Projeto Juventude Cidadã mostrou que precisamos agir, pois o preconceito em certos momentos e o choque da realidade entre esses "dois mundos" assustou ambos os lados, deixando claro que o sistema educacional do país não é o ideal, pois estamos formando apenas competidores e não cidadãos. Com isso, valores básicos como o respeito, a igualdade, os direitos e principalmente os seus deveres, estão se perdendo até na sua parte teórica, pois na prática eles já não existem há um bom tempo. Foram vários conflitos durante esses seis meses de curso e até uma certa perseguição dos próprios funcionários (segurança, inspetores e educadores). No início, os alunos da FITO agrediam verbalmente os alunos do curso, mostrando total insatisfação em compartilhar o "seu" espaço com os alunos do curso. Até os seguranças e inspetores que vivem praticamente na mesma situação social dos alunos do Juventude, tratavam-nos mal e com total falta de respeito. O fato de ver pessoas como eles fazendo um curso financiado pelo governo em uma instituição paga sem dúvida fez com que eles não aceitassem esse fato. Um sentimento comum que comprova uma total falta de estrutura — familiar, psicológica e social. Mas, alguns professores também tiveram os seus conflitos com os alunos do curso, pois a grande maioria ainda não havia trabalhado com o público de baixa renda, onde o perfil do jovem e a maturidade precoce, em certos casos, é muito maior e a realidade de vida é completamente outra.

A falta de conhecimento e interesse em assuntos que não fazem parte do seu dia-a-dia foi o maior problema para os educadores, que para reverter a situação e atuar sem conflitos, precisaram buscar ações inovadoras para manter os alunos nas suas aulas. Mediar conflitos em tempo real, durante os seis meses, foi fundamental para melhorar o relacionamento entre os professores e os alunos e, assim, aprimorar a dinâmica das aulas. Mas, no final do curso, todos aprenderam. As relações melhoraram, o respeito pautou as relações e todos tiraram lições pessoais.

As ações afirmativas são essenciais, pois só assim conseguiremos diminuir essa sangria social existente desde o ano de 1500; claro que muito precisa ser feito, mas agora tenho certeza de que a sociedade precisa participar dessa ação."

O conteúdo abrangeu diversos aspectos da cidadania como: identidade, direitos e deveres do cidadão, do adolescente e do trabalhador, ética, perfil profissional, elaboração de currículo, entrevista para obter emprego e discussão sobre assuntos que os jovens consideraram pertinentes: família, drogas, gravidez na adolescência, preconceito, empregabilidade e outros. Para tanto foram utilizadas as seguintes fontes:

Fonte	Conteúdo trabalhado
Texto: "Princípios do paradigma do desenvolvimento humano"	Direitos, deveres, bem-estar, potencialidades, oportunidades do ser humano. Política de desenvolvimento.
Constituição Brasileira – Artigo 5º	O que é cidadania. Direito e deveres básicos do cidadão. O ser cidadão, o ser pessoa, o ser indivíduo e o ser humano. Explanação dos incisos de I a XV e analogia com o cotidiano dos educandos. Uso do dicionário. Assédio moral é crime. Noções sobre como funcionam os poderes — Executivo, Legislativo e Judiciário.
ECA – Estatuto da Criança e do Adolescente	Leitura sobre os tópicos existentes no estatuto e explanação sobre drogas, desacato, direitos e outros.

Declaração Universal dos Direitos Humanos	Direitos humanos.
Código de Defesa do Consumidor	Consumismo e direitos do consumidor.
Declaração sobre os direitos das pessoas pertencentes à minoria nacionais ou étnicas, religiosas e lingüísticas	Condição das minorias.
Direitos dos trabalhadores com carteira assinada	Explanação dos direitos dos trabalhadores e exemplos reais com salário mínimo hipotético, problemas para resolver.
Filme/Documentário: *Ilha das Flores*, de direção de Jorge Furtado, 1989, em conjunto com o poema *O bicho*, de Manuel Bandeira	Conscientização do indivíduo sobre o meio ambiente. Fome e miséria. Exploração do ser humano. Linguagem irônica. Montagem proposital do diretor.
Filme: *A corrente do bem*, direção de Mimi Leder, 2000	Discussão sobre preconceito, caráter, alcoolismo, separação, violência contra a mulher, solidariedade e voluntariado. Importância da família no contexto social.
Filme: *A lista de Schindler*, direção de Steven Spielberg, 1993	O nazismo e o holocausto.
Filme: *O segredo*, direção de Rhonda Byrne, Paul Harrington e Glenda Bell, 1994	Reflexões sobre identidade e quem somos nós.
Filme: *O diabo veste Prada*, direção de David Frankel, 2006	1º emprego, caráter, sucesso a qualquer preço, amizades, despreparo do profissional, perseverança para vencer na carreira, ética profissional.

Filme: *Crianças Invisíveis*, direção Mehdi Charef, Kátia Lund, John Woo, Emir Kusturica, Spike Lee, Jordan Scott, Ridley Scott e Stefano Veneruso, 2005	Universo infantil em diversos países: fome, estrutura familiar, abandono, drogas, sobrevivência.
Livro: Nascimento, Esdras, *Era urso?*, história original e ilustrações de Frank Tashlin e tradução de Esdras do Nascimento, 3ª ed., Rio de Janeiro: Ediouro, 1999	Identidade pessoal, identidade comunitária, identidade cultural e identidade profissional. Identidade, auto-estima autoconceito, autoconfiança, futuro, determinação, habilidades básicas, habilidades específicas, redação sobre as habilidades e sobre si mesmo.
Textos: *Roberto sem Carlos* (autor: Roberto Soares) e *O analfabeto* (autor: Décio Valente)	Questões relacionadas à identidade.
Texto: *Ética profissional é compromisso social* (autores: Rosana Soibelmann Glock e José Roberto Goldim, 2003.) Retirado do site: http://www.ufrgs.br/bioetica/eticprof.htm	Ética profissional. Empregabilidade e trabalhabilidade.
Texto: Jornal da Tarde: *Falar errado pode custar o emprego.* (artigo de Luciana Mattiussi, 13/11/2006)	Currículo e erros na apresentação do mesmo. Perfil profissional e currículo. As exigências do mercado de trabalho e 1º emprego. Apresentação e entrevista para o emprego. O que é necessário para se ter uma boa apresentação. Redação com a forma correta, comparando os 10 erros de português mais cometidos pelas pessoas. O estrangeirismo na língua portuguesa. Dinâmicas de grupo.

Site do governo federal:http://www.redegoverno.gov.br/	Os direitos do contribuinte: o CPF, imposto de renda e outros impostos, verba pública e projetos sociais.Introdução às formas de contratação e às leis de trabalho. Técnicas de trabalho em equipe. Inclusão no mercado de trabalho.
Livro: *Água e cidadania em Campinas e região. O desafio do século 21.* (Autor: José Pedro Martins)	Discussões e debates sobre temas relacionados à água, sua utilização e sua preservação.
Folhetos informativos e internet	Pesquisas relacionadas à drogas, preconceito, aquecimento global, anorexia, Síndrome de Down, tráfico de drogas, favelas, DSTs (doenças sexualmente transmissíveis) e Aids. Homossexualismo. Planejamento da vida pessoal: noções de finanças pessoais e orçamento familiar.
Canções: *Pacato cidadão* – Skank; *Jovens* – grupo Planta e Raiz; *Inútil* – Ultrage à rigor; *Homem Primata* – Titãs; *Desordem* – Titãs; *Pais e Filhos;* Biografia do cantor Seu Jorge	Ações de cidadania presentes nas canções.

Os educadores de cidadania consideraram importante mostrar aos jovens, nas aulas, que eles são capazes de expor suas idéias, refletir sobre elas e assumir uma posição frente a diversos assuntos. O tema abordado que eles consideraram de extrema importância para esse intuito foi a reflexão sobre a identidade. Todos eles trabalharam em sala de aula a identidade em diversos aspectos: identidade pessoal — auto-estima, autoconceito, autoconfiança, autodeterminação, auto-realização, habilidades básicas, habilidades específicas —, identidade comunitária, identidade cultural e identidade profissional. Como resultado, os educadores registraram que os jovens sentiram dificuldades em falar sobre si mesmos, sobre seus anseios e suas expectativas tanto no plano pessoal como no profissional. Com relação ao futuro, notou-se um otimismo dos educandos, principalmente sobre o futuro profissional: muitos consideraram única a oportunidade que o projeto lhes ofereceu, e ao tratarem do assunto aliavam o curso que freqüentaram e o futuro profissional. O pensamento era de que se o curso fosse bem aproveitado, provavelmente também no futuro eles poderiam ser bons profissionais.

Um dos pontos observados pelos educadores foi o de que as aulas de cidadania deveriam complementar o curso específico, bem como preparar os participantes do Juventude Cidadã para o primeiro emprego — pois grande parte deles nunca trabalhou — e portanto para o futuro profissional. Sobre essa afirmação a educadora Nilza Marques comentou:

> "A metodologia aplicada foi a de discussão dirigida após preleção inicial. Inicialmente o tema do dia é apresentado indicando a importância do mesmo para o conhecimento de cidadania e para a vida pessoal dos alunos. Para apoiar a discussão os alunos recebem textos referentes ao tema desenvolvido. Ao término das explanações e da discussão é distribuído um questionário para o reforço da aprendizagem. É importante ressaltar que as questões sempre buscam opinião pessoal dos alunos, bem como a opinião dos grupos. O trabalho em grupo foi estimulado para desenvol-

ver a capacidade de relacionamento e também para prepa-
rá-los para o futuro emprego."

Os educadores de cidadania também apontaram com
satisfação o resultado dos seminários propostos. Foi per-
guntado aos jovens quais temas gostariam de pesquisar e
apresentar para os colegas. A partir desta enquete, os educadores verificaram que os assuntos eram variados e divi-
diram as classes em grupos de cinco e seis alunos. Como
resultado final, os jovens se dedicaram à pesquisa do assunto
proposto — pesquisando em casa, na internet, na biblioteca
e até entrevistando conhecidos —, empenharam-se na apresentação e até construíram material visual.

Para desenvolver as capacidades de expressão e reflexão, a metodologia utilizada pelos educadores contou com
aulas expositivas, debates, dinâmicas, trabalhos em grupo,
redação, leitura de textos, apresentação de vídeos, avaliação individual, escuta e performance musical, discussão
sobre notícias da atualidade com auxílio de jornais, artes
plásticas, uso do dicionário e outros. Foram utilizadas também, como recurso metodológico, atividades vivenciais apli-
cadas, como técnicas teatrais, para simulação de situações
que o profissional pode encontrar. Segundo o arte-educa-
dor Wilton Carlos Amorim Rezende:

> " A metodologia utilizada foi baseada no método trian-
> gular: produzir, refletir e contextualizar. Estabelecendo re-
> lações com o cotidiano dos alunos, solicitando por meio das
> atividades que trouxessem material recolhido em seus es-
> paços de atuação. As dinâmicas das aulas consistem basica-
> mente em aplicar conteúdos teóricos e conteúdos práticos
> em atividades individuais e atividades em grupo."

Os educadores ressaltaram a importância do estímulo
ao debate no processo de formação do cidadão dentro do

projeto, já que consideraram que os educandos não estavam acostumados a essa prática. Os temas para debate giraram em torno de: educação, violência, meio ambiente, aquecimento global, doenças (anorexia, Síndrome de Down, DSTs), história política brasileira, mídia, desigualdade social, preconceito, comunidade, favelas, eleições, gravidez na adolescência (métodos anticoncepcionais, aborto) e drogas (classificação, causas e efeitos).

Todos os educadores promoveram o debate em suas aulas e após as sessões de vídeo apresentadas. Durante as aulas, trabalharam com pequenos grupos, e também com a sala toda. Após as sessões de filmes em vídeo ou dvd, foram abertos debates entre todos os alunos do projeto, pois as salas de todos os educadores estavam presentes. De acordo com as propostas das reuniões de educadores, realizadas semanalmente, considerou-se que promover a discussão seria uma maneira dos educandos refletirem sobre cidadania e sobre sua própria situação dentro do projeto e do mundo. Para isso, contaram com uma metodologia que desse suporte para essa prática, como comenta o educador Carlos César Rafaelli Munhoz:

> "Procurei adotar uma metodologia baseada em Paulo Freire, onde a construção do conhecimento se dá na forma da dialética dos temas propostos, os alunos são num primeiro momento levados a refletir sobre suas vidas e como eles interagem no seu meio."

Quanto à prática do debate, são unânimes em afirmar que os jovens apresentaram inicialmente uma participação tímida e um desconhecimento dos assuntos abordados, mas mesmo assim conseguiram um resultado positivo quanto à prática da reflexão. Como podemos verificar nos depoimentos:

"Procurei abordar assuntos atuais que se referem à cidadania debatendo com os alunos em aula, colocando questões que os fazem pensar, e procurei estimular a capacidade de cada um para que eles se sintam capazes de atingir os seus objetivos seguindo os direitos do próximo. No final de cada tema fizemos algum tipo de atividade para avaliar o entendimento do conteúdo estudado." (educador Thiago Heleno Monteiro Martins)

"Os debates possibilitaram aos alunos a exposição e a colocação. Exposição de idéias, perante o professor e perante os próprios colegas de sala e uma afirmação dos pensamentos já adquiridos por eles durante suas vidas. Muitas vezes lidar com essa exposição e com o assumir de sua condição foi difícil para eles." (educadora Cíntia Campolina de Onofre)

Aliados ao estímulo do debate e da reflexão, os educadores das aulas de cidadania perceberam que a metodologia deveria abranger o estímulo à escrita, já que todos eles apontaram que os educandos apresentavam deficiência neste aspecto. Para eles, a expressão de idéias junto a um tema está ligada também à incapacidade de escrever sobre o assunto. Como comentam:

"Notei durante as aulas a dificuldade dos educandos em expressar suas idéias sob forma de textos e verbalmente; muitos sabiam o conteúdo apresentado, porém não conseguiam escrever sobre ele, apresentavam muitos erros de gramática e, conseqüentemente, falavam de maneira errônea." (educadora Cíntia Campolina de Onofre)

"A maior dificuldade encontrada foi a comunicação, para o que os alunos não estão preparados. Para tentar saná-la voltei o trabalho para o escopo de aperfeiçoar, em todas as ocasiões possíveis, debates e técnicas de comunicação tanto oral como escrita." (educadora Edineuza Antunes Villoslada)

Para sanar essa deficiência os educadores adotaram a prática de redações sobre temas explanados. Uma maneira diferente e positiva da aplicação das redações foi praticada pelo educador Carlos Eduardo Leonardo Alves e depois estendida para os demais colegas docentes. O educador coloca que a redação em grupo foi uma técnica desenvolvida por ele para estimular os debates. Segundo sua experiência em sala de aula: *"... desenvolvi redações em grupo, pois assim eles melhoraram a escrita, desenvolveram o trabalho em equipe e ainda debateram com o seu grupo."*

O educador Vladimir de Oliveira Soares aponta uma outra causa para as dificuldades dos jovens verificadas em sala de aula. Segundo ele: *"As questões familiares e religiosas, entre outras, limitam os horizontes dos estudantes e eles trazem esta bagagem para a classe."* Para a quebra dessa barreira o educador também utilizou redações e explanações sobre temas da atualidade e redações individuais.

Além das dificuldades de expressão das idéias levantadas, de acordo com a vivência dos educadores durante o processo, as principais dificuldades de aprendizado dos educandos se devem:

— Ao preparo escolar inadequado que não contempla noções básicas de comunicação, interpretação de fatos, leitura, redação e cálculos,

— À baixa concentração na aulas,

— À dificuldade financeira que os impede de alimentar-se adequadamente,

— Aos hábitos comportamentais inadequados. Os hábitos e costumes revelados por eles na sala demonstraram falta de percepção das exigências do mercado de trabalho e da sociedade como um todo, bem como do relacionamento em grupo. As dinâmicas em grupo demonstraram a dificuldade de auto-expressão. Os educadores apontam que o comportamento é muito próximo do encontrado nas escolas atuais,

— À falta da cultura do aprendizado e do conhecimento da cidadania no cotidiano dos alunos,

— À classes heterogêneas. Alguns jovens, apesar da escolaridade exigida para o projeto, são analfabetos. Outros não sabem o básico. E outros já estão prontos para o vestibular.

Em contrapartida, os educadores também apontaram algumas dificuldades no conteúdo proposto. O educador Carlos Eduardo Pato é pontual sobre sua dificuldade de trabalho em sala: *"Para mim, a desigualdade de formação dos alunos é um fator que impede a apresentação do conteúdo profundamente."* Já o educador César Munhoz coloca como dificuldade *"a pouca informação sobre os temas trabalhados e resistência à leitura e dinâmicas de grupo, comportamento infantilizado".*

Entretanto, alguns educadores observaram que ao longo do processo houve mudanças significativas com relação às suas dificuldades em apresentar o conteúdo, como é o caso do comentário do educador Wilton Amorim:

"As maiores dificuldades foram encontradas no início do projeto. Os alunos freqüentavam as aulas com a perspectiva de um curso nos moldes da escola tradicional. À medida que, para os alunos, foi ficando mais clara a relação do curso com o mercado de trabalho e suas exigências, bem como diante dos conteúdos aplicados, as atividades fluíram melhor. Portanto as maiores dificuldades foram relacionadas à compreensão, por parte dos alunos, da finalidade do projeto."

Outro fator apontado pelos educadores é quanto à ex-clusão digital. Segundo eles, os jovens sabem utilizar a internet, mas grande parte só usa os recursos deste meio para entretenimento — orkut, msn, ouvir música, sites de bandas, fofocas, etc. Muitas vezes, nas aulas em que eles precisavam pesquisar sobre algum assunto, não sabiam como fazê-lo. Outra dificuldade apresentada foi a utilização do editor de texto. Muitos ignoravam o programa e não conseguiam salvar um texto, enviá-lo para seu e-mail ou imprimi-lo. A função do e-mail também não é clara para uma boa parte deles. Os educadores muitas vezes tiveram que interromper as pesquisas e explicar as diversas funções dos recursos do computador.

Entretanto, as dificuldades apontadas pelos educadores não se estendem às condições físicas e recursos materiais e humanos disponíveis para o cumprimento do projeto. Todos foram unânimes em apontar que a estrutura física oferecida foi excelente. Com relação a esta estrutura apontam classes e banheiros sempre limpos e arrumados, aparelhos eletrônicos disponíveis — vídeo, dvd, aparelhos de som, computadores, microfones — e ambientes silenciosos. Os recursos materiais também foram disponibilizados de acordo com o agendamento prévio. Também apontam que os funcionários estavam sempre dispostos a oferecer seu trabalho em prol dos jovens. Segundo os educadores, esses fatores foram importantes e contribuíram para o sucesso do projeto e cumprimento do programa.

Com todas as dificuldades, acertos, diálogos e reflexões, os educadores conseguiram chegar ao fim do projeto com uma avaliação positiva, pois consideram que muitos jovens mostraram interesse em adquirir mais conhecimentos. Notaram que o Projeto Juventude Cidadã trouxe para todos um motivo a mais para seguir em frente. Os jovens chegaram à FITO sem saber que iriam ter uma visão abrangente de um futuro que desconheciam. A maior motivação para continuar está dita, jovens que acharam um rumo e descobriram que podem ser vencedores, mesmo sendo de baixa renda. Descobriram um caminho que não é feito só de espinhos, pois encontraram pessoas dispostas a mostrar o mundo de uma forma diferente. Além do saber, da informação, foi-lhes dado o espaço para as práticas de reflexão e discussão. Dar credibilidade aos jovens foi uma das maiores conquistas dos educadores, ao criarem situações e ambientes para que os participantes do projeto pudessem expor suas idéias e, através delas, escolher um caminho para o futuro.

Nossa expectativa é de que esses grandes novos cidadãos consigam atingir seus objetivos, que tenham levado consigo o conceito de cidadania e que o saibam praticar em todos os momentos de suas vidas.

Impressões dos educadores sobre o Projeto Juventude Cidadã na FITO

"Notamos uma mudança muito grande nos jovens no que concerne à sua apresentação, bem como na maneira como os mesmos encaravam as diversas situações-problema: não como algo fora de sua realidade, mas sim como algo que deve ser enfrentado, com as armas que possuíam para compreender e decifrar. Notei um florescer dos alunos no que tange ao enfrentamento de dificuldades, bem como o amadurecimento dos mesmos ao reivindicar seus direitos e seu lugar na sociedade." (Edineuza Antunes Villoslada)

"(...) na medida em que o tempo passou, as formas de representações do cotidiano começaram a ficar mais claras para os alunos, objetivo este a ser alcançado a todo tempo. O despertar nas mentes se fez necessário para que o imaginário se tornasse um processo de aprendizagem sem traumas e nem envergonhamentos pessoais." (Carlos César Rafaelli Munhoz)

"O projeto, sem dúvida, foi válido. Notou-se claramente que a maioria dos alunos teve vontade de aprender. E esta oportunidade foi abraçada por quase todos. Com orientação, eles passaram a ser mais críticos e a entender que têm direitos, deveres e são cidadãos deste país. A evolução desses jovens é o maior presente que podemos receber." (Vladimir de Oliveira Soares)

"Os jovens começaram a perceber que podem ser os protagonistas de suas carreiras, de suas vidas. A relação entre as atividades técnicas e aulas como as de cidadania conseguiram conduzir o curso para uma efetiva preparação de profissionais." (Wilton Carlos de Amorim Rezende)

"A avaliação foi positiva, os jovens estão mais conscientes dos temas debatidos e com uma postura mais participativa em relação ao início do curso. Muitos agora pesquisam e debatem sobre temas da atualidade sem temor, o que antes não acontecia." (Carlos Eduardo Pato)

"Obtive um resultado muito positivo e uma grande aceitação dos jovens em todos os temas escolhidos e aplicados. Através das aulas de redação, consegui fazer uma jovem que tirava sempre 6,5 em redação, tirar um 10 na escola, pois ela utilizou as dicas que dei durante as aulas, e escolheu um dos temas debatidos no curso de cidadania." (Carlos Eduardo Leonardo Alves)

"A grande conquista para mim foi observar a mudança de atitudes, pensamentos e percepção dos jovens e observar que muitos não teriam esta oportunidade se não fosse o Juventude Cidadã." (Cintia Campolina de Onofre)

"Uma oportunidade ótima de crescimento para os jovens e os educadores envolvidos no projeto." (Thiago Heleno Monteiro Martins)

"O Projeto Juventude Cidadã entusiasmou por ser de grande envergadura social devendo ser continuado, pois traz esperança para uma juventude que precisa conhecer e sentir o quanto é importante para a sociedade brasileira". (Nilza Marques)

A família do século XXI, segundo Jan, Diego, Rafael, Bruno, Miriam, Jéssica, Douglas, Laurinda, Cleber, Aline, Rafaella e Claudineia, jovens da turma da educadora Nilza Marques

"Seja ela monogâmica, heterossexual, ao modelo patriarcal, moderna, recasada, ampliada, não convencional. A família tem papel de extrema importância na vida de cada ser humano.

No entender do Jan e do Diego, para quem pretende ter um bom futuro é preciso, também, a união da família com amor, bem-estar, para poder compartilhar e se sentir num porto seguro, com um alicerce.

O Rafael e o Bruno, para se sentirem de bem com a vida necessitam da alegria dos seus pais, irmãos e parentes.

A Miriam diz que a formação do caráter e do amor só é reforçada com uma boa dose de afeto, companheirismo e respeito entre todos.

A família "está para o que der e vier" é a base de tudo, é o que inspira e fortalece no dia a dia, segundo Jéssica e Douglas.

— Como essa nunca vou encontrar outra, em lugar nenhum — isto é Laurinda pensando e expressando seus sentimentos.

Nem atitudes precipitadas, nem más palavras, apenas afeto, amor, carinho e confiança.

Conselhos, ajuda, sem brigas — o ideal — de Cleber e Aline.

Na escola da vida, as brigas também fazem parte, esta é a família real — é a da Rafaella e Claudineia.

Não existe família ideal, existem famílias reais, independentes de sua configuração, é a instituição social responsável pelos cuidados, proteção, afeto e educação de todos.

É o primeiro e importante canal dos afetos e da nova ética, ensina o curso de Cidadania, ministrado no "Juventude Cidadã", dizem os professores."

Alunos do curso de Luthier — Foto: Marcio Pereira da Silva

Aluno do curso de Operador de Câmera
Foto: Marcio Pereira da Silva

Alunos do curso de Edição de Audio e Video — Foto: Marcio Pereira da Silva

Curso de Fotografia

Curso de Operador de Mixagem – DJ

Cinthia Soares Pimentel - Aux. Administrativo

"O que estamos fazendo aqui?"

Nós estamos aqui para interagir com
outras pessoas, aprender a lidar com
diferentes tipos de pessoas (aprender) e com
isso adquirir, conhecimento e aprender a
respeitar a opinião dos outros porque "o
meu espaço termina onde começa o seu".
Estamos adquirindo informações sobre o
que é preciso para ser um cidadão
de caráter e o que é preciso para
isso acontecer.
Pois viemos pra somar.
E não pra dividir.

e isso aí

Sugestões para melhor aproveitamento da aula.

Sugiro que a pessoas deem sua opinião sem medo de receber uma crítica, mas que seja uma crítica que tenha coerencia e seja construtiva. Se tiver alguma coisa encomodando o grupo, que seja feita uma roda de discussões para ser resolvido o problema de forma clara e específica, que ninguém fique fora e todo mundo participe.

E isso aí gente.

Beijos
Violeta

Ot 1940 — Pensaram bastante e
foram criativos no elaborar
anagrama

nomes: Thais, Andréa, Talita, Tatiane, Helen,
Meriely, Ana Paula, Fabio, Danilo, Renato
Davi, Erivaldo.
                                    Grupo União
    Cidadania

        Nosso grupo tem a seguinte opinião:
cidadania é saber respeitar o seu próximo,
contribuir com a sociedade para que
possamos conviver em constante harmonia.
    É ter consciência que sabendo respeitar
os devidos valores da sociedade podemos
viver em seu conforto sem se preocupar se nós devemos, algo à ela.
    Saber que independente de qualquer
raça, opção sexual, classe ou religião
podemos ter nossos direitos, usufruir
de nossos deveres e saber que para
respeitar o seu próximo é também
ser respeitado.
* É respeitar e usufruir os direitos
e deveres, de qualquer ser humano.
* Fazer sempre o bem, sem olhar para
quem.
* É viver respeitando fazendo seus
deveres e obrigações diante da sociedade,
e também ajudar o próximo e
respeitar as leis fundamentais para
uma boa convivência diante da sociedade.

É tudo aquilo que contribui para a melhoria do seu bairro, município, estado e país.

Fazer o possível para ajudar ao próximo independente da situação do mesmo, para que podemos ultrapassar os obstáculos e desafios mais difíceis

É preciso ter a consciência de que somos iguais e temos mesmos direitos, obrigações e deveres.

Aprontar

CONSCIÊNCIA.
INDEPENDÊNCIA.
DIREITOS.
ATIVIDADES.
DIVERSÃO.
AMIZADE.
NACIONALIDADE.
INTEGRIDADE.
ATITUDE.

Cidadania é ter consciência de que todo ser humano tem seus direitos e deveres, obtendo total liberdade para escolher sua independência e integridade. Ser atitude para manter atividades, sem perder a diversão e a amizade, mantendo toda nossa nacionalidade.

05/10/06

Nome: Vanessa Santos do Carmo. Filme: Ilha das Flores.

"A pobreza está no olhar do ser humano."

O filme quis dizer sobre a desigualdade social. Para cada pessoa o Deus que existe para nós que é tudo, para eles não existe.

Infelizmente aquelas pessoas não tinham o que fazer se não se esbaldar se naquele lixão com agonia e rapidez para pegar aquele lixo. Aquele lixo que jogamos que eles usam no seu dia a dia e olha lá se é todo dia que eles tem a oportunidade de ter algum lixo para pegar. E ainda por cima nem todos tinham a oportunidade de pegar aquele simples saco, para cada meia dúzia de pessoas tanto para os adultos como crianças eram dado apenas 5 minutos que é no total de 300 segundos para poder conseguir encher aquele saco e não com comida perfeita, feita da própria mão da pessoa e sim, comidas estragadas, rejeitadas e podres.

E a maldade ainda de tudo era que o "melhor" do lixo eles pegavam para dá aos porcos e o resto era para as pessoas. Essas pessoas não são tratadas como pessoas, colocando os porcos e as pessoas os porcos tem mais valor do que as pessoas.

Na minha opinião nesta cidade deveria ter mais capacidade e entender cada família a prejuízo, a fome, a tristeza de cada família. Essas pessoas deveriam ter carates e usar a inteligência e ter a capacidade de ajudar essas famílias, se tinham a capacidade de comprar terreno porque não compra comida e se distribuída da mesma forma que o lixo é distribuído. E olha de cada criança você se irá a fome a tristeza e angústia.

Crianças comendo atrás do caminhão de lixo para pegar comidas estragadas e podres.

Alguns ser humanos poderia evoluir o cérebro
e entender que a pior coisa é a fome.
Para aqueles ser humanos eles não sabem
os deveres de cidadão que eles tem.
A cidadania tinha que separar e compor
que todos são iguais, que todos são ser
humanos e que Todos são cidadãos.
Que não vai ser pela desigualdade social
que eles vão mudar de ser um ser humano
com fome e tristeza.

Bom relato do
filme e relação
com o mundo!

O nosso primeiro projeto foi o "Se Liga", ele era um projeto que relacionava ação social, consciência ambiental e um pouco de arte também.

O Se Liga foi uma ideia do grupo mostrado pela Marina, no início nós tínhamos muitas ideias com relação ao que íamos nós passar e nós decidimos criar um nome que colasse, e que fosse bastante popular; daí surgiu o Se Liga!

Eu particularmente gosto muito de fazer o serviço voluntário, foi uma coisa que me ensinou bastante a abrir os meus olhos pra problemas que eu até conhecia, mas não sabia que podia fazer alguma coisa pra melhorar.

O serviço voluntário foi uma ideia inteligente e que deu certo, alguns projetos erraram, foram só projetos mais eu tenho certeza que cada projeto que nós fizemos foi uma aula de academia, então fico feliz de ter participado dessa ideia.

Diego Rogério da Silva — jan/07
curso de Recursos Humanos

CONSCIÊNCIA.	Usar a mente e ter consciência.
INDEPENDÊNCIA.	De que todo ser humano, tem seus
DIREITOS.	direitos a exercer, obtendo total
ATIVIDADES.	liberdade para usufruir sua
DIVERSÃO.	independência e integridade
AMIZADE.	Ter atitude para mostrar atividades,
NACIONALIDADE.	compreender a diversão e a amizade,
INTEGRIDADE.	mostrando toda essa nacionalidade
ATITUDE.	

19.12.06

nome: Catiane da Paixão de Santana

Retrospectivo

Eu aprendi que temos uma identidade e tudo aquilo que somos. É qual nosso plano de vida. Saber nós conhecer primeiro, depois os nossos planos, o que temos a oferecer e a receber. Ter o controle de tudo e ser determinada com aquilo que quer e deseja. Correr atrás dos nossos objetivos e saber o que é bom ou ruim para nós. E outro ponto mais importante, depois que já nós conhecer-mos, e que já sabermos os nossos projetos é saber isolher o que vamos ser no futuro ou seja uma profissão. Como se comportar numa entrevista, como se apresentar ~~pessoalmente~~ aparentemente, como se comunicar e na redação ver os erros e os acertos. E no fim saber seus direitos no trabalho.

~~Oa opre~~ E aprendi tudo.

Eu tenho certeza, que tudo isso que eu aprendi, vou saber usar na minha vida profissional como cotidiana. Tenho mais confiança em mim e estou mais otimista de que tudo ~~por~~ vai dar certo nas minha vida.

JUVENTUDE CIDADÃ

É um modo de ajudar os jovens não entrar no mundo da criminalidade, dando a eles a experiência para ingressar no mercado de trabalho.

Esses cursos nos ensinaram a ser ótimos profissionais futuramente. Nós tivemos que dar o máximo para absorver todo o ensino que os intrutores estavam dispostos a nos oferecer.

Mas nem todos entenderam e as dificuldade foram muitas e sabemos que as oportunidades são poucas. não podemos desperdiçar.

Este curso sinto que conseguiu mudar muitas pessoas que vejo no dia a dia Os professores buscavam a melhor forma de nos ensinar corretamente e fizeram um esforço que não foi reconhecidos pelos alunos e nem os contradores.

No planejamento acha que programa um a ajuda de custo, o transporte e para a alimentação, pois muitos jovens vinhão sem comer. Isto tambéim muitos moravam muito longe do curso, e esta também atrapalhou O Resgate diário não conseguiu nos atrapalhar pois uma pessoa objetiva em seus propostos,

Mesmo com sofrimento não desiste nunca.

Neste curso conseguimos aprender algo que talvez seja simples, mas levaremos pela vida inteira que é a amizade descoberta dentro de cada um de nós.

Cada dia que levantarmos e o principal que é respeito ao proxímo, nos tocar então saberemos que estamos preparados p/ o mundo.

Então, quanto ao planejamento deste curso, nos sabemos que todos erramos e aquele que não sabe perdoar as falhas dos outros deve aprender.

Nos resta esperar e aproveitar todas essas oportudidade, necessarias para que o futuro seja promissor para nos.

Ass. Jan Carlos.

Capítulo III

O serviço civil voluntário

O grupo de monitores contratados para acompanhar os jovens do Projeto Juventude Cidadã junto ao serviço comunitário voluntário realizado na Fundação Instituto Tecnológico de Osasco — FITO começou a se reunir quinzenalmente a partir de julho de 2006, dois meses antes do início efetivo do projeto, para planejamento das ações, organização e elaboração da infra-estrutura, e para receber informações sobre o programa por parte da coordenação. Estavam entre as nossas funções monitorar, acompanhar e avaliar as ações voluntárias de, aproximadamente, 1.200 jovens selecionados pela Secretaria de Desenvolvimento, Trabalho e Inclusão.

Informações passadas, mais do que acompanhar e atestar o cumprimento das 125 horas, que geraria uma bolsa-auxílio no valor de R$ 600,00, divididos em cinco parcelas de R$ 120,00, um objetivo único foi despertado: estávamos ali para contribuir com os jovens, voltados para um trabalho de conscientização e sensibilização, que resultasse em uma mudança social, onde cada jovem, além de receber conhecimentos suficientes e melhores condições para competir no mercado de trabalho, precisaria se sentir cidadão participante e capaz de mudar o meio social no qual está inserido.

Naquele momento, o grupo de monitores, todos jovens e com formação superior nas mais diferentes áreas acadêmicas (História, Geografia, Música, Jornalismo, Direito, Educação Física e Artes Plásticas), com qualificação suficiente para alcançar o propósito do programa, criou expectativas e desejos que foram além da necessidade de atestar números. Chegaram até a mobilização de um grupo com vontade de arregaçar as mangas e intervir em algum canto, algum lugar, indo um pouco além da contribuição para a formação pessoal e social do jovem, intuito maior do programa.

Desafio lançado, as propostas dos monitores começaram a ser sugeridas: arrecadações de alimentos, atividades de leitura e de recreação, onde pessoas tão carentes quanto os jovens protagonistas fossem beneficiadas pelo atendimento, ações junto ao meio ambiente, tais como arborização e coleta seletiva, ações junto ao trânsito, entre outras. Inúmeras idéias foram levantadas, na certeza de que os jovens estariam preparados para atuar e conscientes da triste situação social presenciada diariamente. Todas as idéias debatidas esbarravam em um fator primordial para o início de um processo efetivo de inclusão: os jovens é que deveriam indicar e propor locais e tipos de ações comunitárias que beneficiassem alguma comunidade, de preferência aquela a que eles pertenciam. Eles deveriam *escolher*, participar e agir como sujeitos capazes de transformar.

Desde a aula inaugural ocorrida em cerimônia onde estavam presentes o Prefeito da cidade de Osasco, Emidio de Souza, o Ministro do Trabalho, Luis Marinho, a Secretária de Desenvolvimento, Trabalho e Inclusão, Dulce Helena Cazzuni e o Secretário de Gestão Estratégica e Presidente da FITO, Benedito Domingos Mariano, até a efetivação das matrículas, os monitores estavam presentes para dar as boas-vindas e informar aos jovens suas funções: fazia parte do

Projeto Juventude Cidadã a participação em atividades de prestação de serviços voluntários direcionados à comunidade, sendo que receberiam um auxílio financeiro somente após comprovação de 25 horas mensais deste trabalho.

Com o início das aulas de qualificação profissional e de cidadania, as duas primeiras semanas foram de adaptações — ao prédio, às turmas, aos professores e aos novos amigos, apesar de muitos já pertencerem à mesma comunidade ou escola. Explicações e mais explicações, afinal nenhum jovem foi informado de que a bolsa-auxílio estava condicionada à prestação de serviços, e isto causou revolta e críticas ferozes ao modelo de projeto. Enfim o que seria o serviço comunitário voluntário? Quando, onde e como seria feito? Quando os R$120,00 seriam disponibilizados? Se o serviço é voluntário, porque é obrigatório para receber a bolsa?

De sala em sala e de jovem a jovem, fomos reproduzindo as informações, detalhando cada vez mais para que todos entendessem por completo: todos os que estavam inseridos no projeto teriam que se organizar, diagnosticar uma situação, planejar e executar, chegando ao objetivo final: colaborar voluntariamente com um grupo social. Os horários e dias das ações foram organizados para que todos pudessem optar pelo que mais se adaptasse à realidade e à disponibilidade de cada um. A grande maioria optou pelo cumprimento de três horas diárias, duas vezes por semana. Formaram-se grupos que variavam de 20 a 60 jovens, com personalidades diferentes, idéias e ideais, fator determinante para o êxito das ações.

Com os horários organizados, começava o primeiro desafio: fazer com que os jovens participassem das discussões e falassem o que queriam, e como queriam. Eles teriam que refletir sobre a sua realidade, contar de onde vieram,

quais as necessidades de suas comunidades. Toda a liberdade de escolha ofertada para que desenvolvessem as atividades de voluntariado trouxe espanto e conflito. Ter direito
a escolha não fazia parte de suas vidas. Foram poucos os
que externaram seus desejos, suas vontades, opinaram e
sugeriram uma ação. Identificamos no grupo uma minoria
que já havia atuado voluntariamente em um determinado
projeto e saberiam como e o que fazer.

Para que as atividades caminhassem, partiu-se então
de três temas norteadores: meio ambiente, arte e cultura,
campanha de arrecadação de alimentos e outros objetos.
Aproximar as ações da realidade de cada um, abordando
temas que estariam próximos não só geograficamente, mas
do momento de vida de cada jovem, foi uma saída encontrada para enfim desencadear o processo. Deste dia em diante começaram as surgir idéias e possibilidades de ações efe-
tivas, desde as inexecutáveis, por limitações de locomoção,
verba, condições e locais, até as executáveis, como recreação infantil, grupos de combate a dengue, feiras para divul-
gação cultural, gincanas de conscientização para saúde, entre outras, que foram colocadas em prática. A tarefa neste
momento era agradar a todos e chegar a um senso comum.
Atendendo a vontade da maioria, os projetos sociais começaram a ganhar forma. Os grupos, até então organizados e
com total liberdade, passaram a ser reformulados por identificação de interesses. Pudemos perceber que os que estavam freqüentando cursos ligados às artes, como Assistente
de Cenografia, Mixagem-DJ, Assistente de Produção,
Luthier, Iluminação e Editor de Vídeo, identificaram-se com
a montagem de peças teatrais, em prol de arrecadação de
alimentos e recreação. Os de cursos ligados às áreas humanas e exatas (Auxiliar Administrativo, Auxiliar de Contabilidade, Recursos Humanos, Eletricista Predial, Fotografia e

Manutenção de Edificações) deslocaram-se para as ações ligadas ao meio ambiente.

Mas, para outros jovens, o engajamento por uma causa esbarrou na obrigatoriedade do cumprimento da carga horária para poderem receber a bolsa-auxílio. Neste grupo, as ações foram indicadas pelos monitores. Houve, ainda, os jovens que se mostraram desinteressados pelo tipo de serviço que iriam prestar; estavam ali para cumprir as horas, o primordial para eles era a oportunidade de aprender, ter uma qualificação e agir. Pensou-se, no início, que todos estariam no mesmo patamar de consciência da situação social na qual estavam enquadrados para participar do programa, que a proposta da realização de atividades sociais voluntárias seria aceita e realizada por todos com afinco, devido ao comum desejo de transformar o seu meio social.

A obrigatoriedade de uma atividade, nova para a maioria, gratificante para outros e desinteressante para uma parte, fez com que o objetivo daquelas horas fosse se modificando no decorrer das semanas. Diante de perfis tão diversos, esbarrou-se em uma série de fatores inesperados pelo grupo de monitoria.

Respeitando-se a origem e a cultura de cada um, diversos comportamentos tiveram que ser despertados e atribuídos aos jovens para o engrandecimento da proposta: comprometimento, responsabilidade com o próximo, já que para cada um foi designada uma função e dependia-se da sua realização e novas práticas, atividades nunca vistas por muitos, como pesquisas de temas ligados à ação comunitária, elaboração de projetos, divisão de tarefas, organização de idéias, novos contatos, tudo para criar condições para a execução do serviço comunitário voluntário, e mais ainda: para que aqueles jovens percebessem a importância de se tornarem agentes socialmente ativos. Alguns atenderam prontamente as necessidades para a execução plena de cada etapa de construção dos projetos; outros, inicialmente, mostrarem-se dispersos, estavam ali sem saber realmente como e quando tudo chegaria ao final. Sem perspectiva, faziam parte de um grupo descrente, participando sem finalidade, cumprindo horas. Ora não se adaptavam ao serviço voluntário, por preconceito, vergonha ou sem perspectivas de mudanças, ora estavam ali por necessidades mutantes, receber o benefício, pressão dos pais ou conviver com amigos.

Coube ao grupo de monitores, neste momento, a difícil tarefa de estimular a participação dos jovens, respeitando a identidade de cada um, despertando novos interesses, para que fossem desenvolvidas ações realmente eficazes e benéficas não apenas para a sociedade, como para que cada jovem entendesse a importância da sua ação. Coube a cada um levantar casos próximos ao seu convívio: gravidez na adolescência, onde pudemos abordar fatos ocorridos como aborto com relatos verídicos, preconceito, relações humanas; e o desemprego, que trouxe à tona diversos casos, até mesmo de exigência e resistência de alguns pais com relação à participação ou não de seu filho no curso. Uma oportunidade que poderia trazer aprimoramento profissional, para uma melhor colocação no mercado de trabalho no futuro, virou um dilema para uma jovem, relatado a um dos monitores. A mãe exigia que ela fosse à procura de um trabalho fixo, onde a renda contribuiria no orçamento doméstico, mas o desejo da jovem era outro, "eu quero estudar, eu gosto de estudar. Estou esperando receber o dinheiro para dar para minha mãe. Quem sabe assim ela deixa eu vir", revelou a jovem de 16 anos.

Após a definição de quais ações sociais seriam realizadas, as opções de associações/entidades, escolas e comunidades foram levantadas para colocar em prática os projetos tão discutidos e planejados. Sempre atendendo às limitações apresentadas, como locomoção — muitos caminhavam quilômetros a pé pela falta de dinheiro para a compra de passagem, outros vinham em transporte público, mas muitos chegavam à FITO alegando desconforto e sem o mínimo conhecimento para a execução do serviço. Vale ressaltar que, após a escolha do trabalho, os locais propostos foram visitados um a um. Com apreensão, medo e esperança, cada monitor acompanhou o seu grupo para a apresentação da proposta, aos diretores de escolas, diretores de creches, chefias de repartições públicas e responsáveis por entidades. Uns aceitaram prontamente, declarando aos jovens a importância do trabalho, acolhendo a idéia do Programa Juventude Cidadã, incentivando-os. Outros recusaram por falta de estrutura, por não verem com bons olhos as atividades propostas, por já terem um grupo de trabalho voluntário no local ou até por visível rejeição. Um fato é certo: em muitos lugares, levou-se em consideração a credibilidade da FITO, executora do programa, para aceitação dos jovens como agentes.

Foi o caso do Lar Gotas de Amor, onde dois grupos realizariam trabalhos distintos, um de recreação com as crianças ali assistidas e o outro de organização de uma biblioteca infantil, por meio de arrecadações, para atender às necessidades da instituição. Antes de iniciarem as atividades, os grupos, com aproximadamente 40 jovens, estiveram no local, que foi apresentado pela diretora Miriam Tozzi após explanação sobre a situação social das crianças freqüentadoras, carentes de carinho, a maioria sem a presença paterna em casa e muitas com mães adolescentes, enfim: um local onde as ações seriam realmente úteis. Naquele momento, foi fundamental para os jovens serem apresentados à realidade do local e estimulados a participar, uma atitude espontânea que veio em consonância com a finalidade dos monitores e colaborou para a afirmação do protagonismo. Sem se dar conta, eles iriam contribuir e tentar transformar a vida de crianças, que se encontravam na mesma situação em que eles próprios já haviam estado há alguns anos. Mas o distanciamento com que se posicionaram era maior do que a distância cronológica.

Não foi difícil perceber que, apesar de serem selecionados por meio de critérios comuns (renda *per capita*, escolaridade, participação de algum membro da família em programas sociais, entre outros), muitos jovens não se aceitam ou percebem-se como excluídos, ao menos que isso traga alguma vantagem a ele. As diferenças de comportamento, engajamento e de aceitação esbarraram na percepção, parcial ou total, do contexto em que eles estão inseridos. Com raras exceções, observamos jovens em que o grau de percepção era aguçado, e estes demonstravam força para se tornarem agentes de sua própria mudança. Já outros jovens, com uma condição socioeconômica um pouco mais favorecida, não se viam como pertencentes ao grupo. Para uma parte, o autoconhecimento se faz necessário antes de qualquer ação, e a aceitação seria fundamental para que ocorressem questionamentos, interesse e transformação.

Quando as ações começaram a ser efetivamente realizadas, o comportamento dos jovens sofreu uma metamorfose. Aos poucos o interesse em alguns foi aumentando, e estes acabaram percebendo que o funcionamento do projeto dependia deles. Outros passaram a não mais freqüentar, alegando as mais diversificadas razões. A principal era a demora no pagamento da bolsa-auxílio.

Desde o início, o pagamento da bolsa esteve vinculado à realização do serviço civil voluntário; com sua demora, por questões absolutamente burocráticas, houve questionamentos diários. Os jovens a aguardavam como pagamento pelas ações prestadas, interpretavam como remuneração o seu recebimento.

Tivemos também boas surpresas, jovens que se mostraram sensibilizados e entenderam o serviço comunitário como uma oportunidade de obter novas experiências e despertar habilidades. Existiram os grupos onde o comprometimento e o desejo de mudança social surpreendeu tanto, que as ações foram além das expectativas e caminharam sem a intervenção do monitor. É o caso do grupo autodenominado *Se Liga*. A iniciativa de criar o grupo partiu dos jovens voluntários. Desde o primeiro contato, todos demonstraram entusiasmo e preocupação com as questões ambientais. Além da nomenclatura adotada, criaram um logotipo e um site; começaram a desenvolver projetos de ação visando a ampliação e preservação de áreas verdes e ambientais da cidade, tendo como foco inicial a melhoria do bairro onde moram. Foram várias as possibilidades levantadas pelos jovens, e todas exigiram ampla pesquisa como estudo geográfico, ambiental e estratégico.

Como o objetivo central era a distribuição de mudas, por meio de conscientização da população, entendida por eles como a fundamental parceira para o êxito do projeto, a busca por um fornecedor que adotasse a idéia foi a primeira tarefa dos garotos e garotas, que escolheram serem qualificados em Auxiliares Administrativos, Auxiliares de Recursos Humanos, Editores de Vídeo e Áudio ou Manutenção Predial.

Na Secretaria de Meio Ambiente de Osasco, o projeto ganhou consistência. Atendidos pelo então secretário, Carlos Marx, que lhes deu informações essenciais, formaram, então, uma parceria que veio ao encontro dos desejos dos voluntários. O grupo foi absorvido pelas ações já existentes na

Secretaria. Cerca de cinco mutirões de plantio de árvores foram feitos pelos jovens, completando com a limpeza e manutenção do Parque Jardim das Flores, realizada semanalmente; o local tornou-se ponto de encontro dos mais de 800 jovens freqüentadores do Juventude Cidadã. Foi o parque, também, palco da Feira Ambiental, idealizada e organizada pela turma *Se Liga*, que recebeu o público para orientações sobre reaproveitamento de alimentos, reciclagem de lixo e outros cuidados ambientais, a fim de ampliar as ações e divulgar o conhecimento adquirido ao longo das atividades comunitárias. O sucesso da empreitada foi tão grande que o *Se Liga no Verde* ampliou seu foco, culminando com um novo projeto, **Se Liga na Lata**.

"Jovens ligados no verde, Bom para o futuro de todos

A parceria da Secretaria de Meio Ambiente de Osasco com o programa Juventude Cidadã foi positiva para a cidade, por meio da participação do grupo "Se liga no Verde".

Durante o período de suas atividades, o grupo contribuiu de forma ativa com o projeto de arborização da cidade, ajudando a plantar dezenas de árvores de espécies da Mata Atlântica que, mais do que melhorar a paisagem urbana, contribuirão no combate aos gases de efeito estufa que estão provocando a mudança do clima com graves riscos à sobrevivência do Homem e de tudo mais que existe no planeta.

Esperamos que o Juventude Cidadã continue por muito tempo e que mais jovens de Osasco tenham oportunidade de se preparar para o futuro e contribuir para a melhoria da qualidade de vida de suas comunidades.

Carlos Marx Alves
Secretário de Meio Ambiente"

Com as limitações de execução dos serviços comunitários, as parcerias firmadas com instituições e outras entida-

SE LIGA!

Publicação do Projeto Juventude Cidadã da FITO

ANO 01 NÚMERO 01 - DEZEMBRO DE 2006

DESIGUALDADE SOCIAL

A desigualdade social no Brasil é uma das maiores do mundo, fruto da concentração excessiva da renda produzida no país na mão de poucos indivíduos. A desigualdade é uma manifestação da violência estrutural, servindo como um pano de fundo, sobre o qual se expressam outras formas de violência: intra-familiar, comunitária, escolar e institucional.

Um dos efeitos diretos que a desigualdade social produz, é o elevado grau de vulnerabilidade de milhões de jovens situados em famílias com renda mínima e insuficiente para uma vida digna. Estes jovens vivem, em intensidade variada, um processo de exclusão social. A definição de exclusão social contempla as trajetórias de vulnerabilidade, fragilidade ou precariedade e até ruptura dos vínculos nas dimensões sociofamiliar, do trabalho, das representações culturais, da cidadania e da vida humana.

CIDADANIA

Cidadania, mesmo sendo um conceito muito vago e sem substância, transformou-se numa das bandeiras de luta mais comum da atualidade. Seu poder interno de legitimação é tão grande que seu simples invocar parece tentar justificar todo um conjunto de objetivos e utopias. A maior confusão que envolve o uso do complexo conceito que é a cidadania é aquele entre cidadania e  dignidade humana. Ainda que ambas as idéias tenham uma forte correlação entre si, a dignidade humana está ligada ao indivíduo ao passo que a cidadania ao todo social. Se em uma, ao focalizarmos o indivíduo, devemos nos concentrar primordialmente numa relação Estado/sociedade para o indivíduo; na outra o sentido é invertido: pensamos como este pode fazer parte e atuar naqueles.

Existe também a tendência a englobar na idéia de cidadania um conjunto de ações voltadas diretamente para as melhorias de condições de vida do indivíduo e seu meio. Esta tendência apresenta alguns riscos ao colocar todo o aparato estatal que está diretamente ligado ao exercício da cidadania a serviço de práticas e objetivos que findam por promover desigualdades no corpo social.

Antes de ser o resultado das três gerações de direitos, a cidadania é fruto da tese arendtiana do direito a ter direitos. Quando pensamos na consolidação e no exercício da cidadania, devemos concentrar-nos no pertencimento do indivíduo à cidade (a polis grega). Este pertencimento, de qualquer forma, não deve ser interpretado como posse, mas como a possibilidade de fazer parte (continua na pág 02).

DESIGUALDADE SOCIAL, ATALHO PARA A VIOLÊNCIA

De que forma os jovens são afetados pela exclusão social? Primeiramente, o sistema sócio-econômico deixa ao acaso um contingente de jovens que são desnecessários e supérfluos ao desenvolvimento capitalista. Sem trabalho e sem uma família com capacidade de provimento, multiplica-se o grau de pauperização, facilitando a inserção em trabalhos ilegais e a "opção" por alternativas infracionais que garantam a sobrevivência.

Em segundo lugar, no processo de exclusão social a dimensão sociofamiliar fica radicalmente comprometida. Quando isso acontece, o jovem perde a principal referência que possui para existir, pois no país ainda não se cristalizou uma rede social de apoio realmente efetiva. Nessa esfera incluem-se as consequências da pobreza sobre as famílias: separações, ausência do pai, muitos filhos, violências intra-familiares e na comunidade próxima e uso de drogas.

Uma terceira área comprometida nos indivíduos em processo de exclusão social é a da representação cultural, responsável pela

naturalização da desigualdade e segregação social. Os jovens pobres não apenas convivem com a invisibilidade e a imanência da pobreza, mas se deparam com os estigmas que lhes são impostos e com os espaços sociais que lhes são reservados. Romper com essas

questões, "próprias da vida dos pobres", é uma tarefa espinhosa para aqueles jovens que conseguem pensar criticamente seu lugar numa sociedade tão desigual.

Outra dimensão da vida afetada pela exclusão é a da cidadania. Esses jovens vivem uma situação de não-cidadania. Desde cedo vivenciam a ausência dos direitos sociais básicos de habitação, alimentação, escolarização, profissionalização e do respeito às diferenças raciais, sociais e de gênero.

Quanto mais vetores de vulnerabilidade um jovem possuir, tais como pobreza, violência, raça, gênero, mais ele estará no centro da exclusão social. A exclusão é, em sua essência, uma forma de violência que acomete a juventude. E a potencializa, significativamente, mas não é a única responsável pelo quadro atual de violência entre os jovens.

CIDADANIA

Quando adotamos essa segunda visão, podemos perceber que cidadania implica em reconhecer-se como membro de um conjunto e, ao mesmo tempo, ser reconhecido como tal. É justamente uma leitura rápida e descuidada desta segunda condição que leva à confusão entre cidadania e dignidade humana.

Como estamos tratando de um conjunto de características particulares (está limitado por fronteiras geográficas politicamente dadas, é gerido por um aparato político-administrativo que é controlado e dirigido por uma pequena parcela dos membros do conjunto), devemos pensar este pertencimento em função das características do conjunto.

EQUIPE
Luiz Fernando de Souza Lima - Luiz Antonio Albino dos Santos
Adriano Nunes de Azevedo - Caio Henrique de Souza –
Alex Santana - Claudiomar Veiga –
Luis Rogério de Oliveira Soares – Rafael Rodrigues

Outra dificuldade que temos ao pensar o sentido de cidadania vem dos múltiplos papéis desempenhados por cada um dos indivíduos. Podemos ser pequeno-agricultores, pais de família, membros de uma comunidade religiosa e cidadãos. Qualquer destes papéis não inviabiliza o de cidadão, ainda, em alguns casos, possa limitá-lo.

Um indivíduo, reconhecendo-se como um membro de seu país e sendo por este reconhecido é automaticamente alçado à condição de cidadão, pois passa a ter a sua disposição uma série de canais de participação, controle e influência das instituições político-sociais voltadas para o todo. Estes canais vão do direito de votar ao direito de ser votado, da liberdade de expressão à possibilidade de assumir cargos políticos.

Por outro lado, só isso não é suficiente. Para que o indivíduo se ja de fato um cidadão, ele precisa considerar-se um membro do país, o que não é uma mera questão psicológica, isso envolve um intrincado processo político-social. Garantir a "igualdade perante a lei" não é, então, suficiente quando há desigualdade política (sem entrarmos nas questões que a aguda desigualdade econômico-financeira traz ao Brasil).

Incapaz de perceber-se como membro de seu país, o indivíduo desenvolve suas atividades cotidianas à margem dos canais e lugares de participação na vida pública impossibilitando, assim, qualquer ação que possa vir a influenciar a sociedade como um todo. Com isso, é forçado a ficar em uma posição reativa quando não passiva. Desta forma, ações que melhorem suas condições de vida vistas como benesses, ao invés de ser resultado da sua participação pública.

Devemos enfrentar o desafio de criar mecanismos e ações que possibilitem ao indivíduo sentir-se como um membro. Para os cidadãos plenos aqueles que observam as duas condições da cidadania – negar a existência deste desafio ou evitar dele se ocupar, é negar a própria cidadania.

JUVENTUDE CIDADÃ EM PRATICA! SERVIÇO SOCIAL COMUNITÁRIO

Preocupado com a falta de áreas arborizadas em Osasco, o Projeto Se Liga! Um grupo de trabalho voluntário juntamente com a Secretaria do Meio Ambiente criou um projeto chamado "Se Liga! No Verde", que consiste em plantar muda de árvores em locais muito urbanizados, e sem verde, ao todo já foram plantadas mais de 150 mudas em diferentes pontos da cidade.
O Se Liga! Também está de olho na sujeira das principais vias públicas, e em Janeiro de 2007 pretende colocar em vigor o Projeto "Se Liga! Na Lata" que irá distribuir latas de lixo grafitadas por alunos do "Centro de Convivência" que apoiam o projeto, para tentar diminuir a poluição.
Para mais informações acesse o: www.seliga.s9k.net

des tornaram-se fundamentais para que os jovens tivessem espaços para atender as condições do programa. O Centro de Apoio à Criança e ao Adolescente de Osasco — CACA, pertencente à Secretaria de Assistência Social da cidade e localizado a poucos metros da FITO, na Vila das Flores, mostrou-se o posto ideal para a realização das ações sociais. Lá, crianças e adolescentes em situação de risco, tão ou mais carentes quantos os atendidos pelo Juventude, são atendidos diariamente. É lá, também, que muito provavelmente o *Se liga na Lata* terá continuidade: trata-se de um acordo dos jovens com a responsável pelo local, a artista plástica *Rosi Ribeiro*, para que latas de tinta sejam reutilizadas como posto de coleta seletiva, processo que deve ocorrer ao longo de 2007. O CACA, com ambiente próximo ao cotidiano dos cursistas pela juventude que freqüenta diariamente o local, também foi espaço de ações pontuais e contou com a colaboração dos cursistas na rotina administrativa e nas atividades esportivas direcionadas às crianças, orientada por um funcionário do próprio Centro e com apoio dos jovens que tiveram contato direto com os assistidos, não só auxiliando, mas inserindo-se nas oficinas oferecidas, como a de reaproveitamento de jornal para artesanato ou de grafitagem.

A unificação de monitores e projetos rendeu outra ação de cidadania de sucesso, como a reformulação dos grupos em atividades com as quais houve maior identificação, o que garantiu maior empenho e fez com que as reclamações fossem diminuindo. Uma peça teatral foi produzida com foco para atender duas ações em uma: conscientizar alunos da rede pública municipal sobre direitos e deveres, disseminando a solidariedade estimulada nas horas de serviço comunitário voluntário, com a arrecadação de alimentos durante as apresentações. Todo o material arrecadado foi

Aluno do curso de Assistente de Cenografia

entregue às crianças e adolescentes do Centro de Cidadania, pelos atores das atividades.

Em todos os locais onde os projetos comunitários foram realizados a aceitação foi plena, o que faz com que todos desejem a continuidade dos mesmos.

Os jovens que integraram o programa na FITO revelaram diversas facetas da iniciativa, no que diz respeito à área de serviço comunitário voluntário.

Os impactos causados ao longo dos anos pela sociedade: carência de educação com qualidade, assistência social, precariedade na área da saúde, falta de oportunidade, distribuição desigual de renda, que culminaram na existência de projetos tais como o Juventude Cidadã, interferem e continuarão interferindo no comportamento do ser humano no momento fundamental da sua formação, a juventude. Com a identidade já formada, com base familiar instituída, é uma tarefa difícil atingi-los para ações sociais voluntárias em um espaço tão curto de tempo, principalmente com exigência e existência de vínculos e trocas, o que descaracteriza o real sentido do voluntariado. É correto estruturar e possibilitar ações voluntárias pelos jovens e compreendê-los como co-atores de transformações, mas este comportamento deve ser espontâneo, acompanhar a bagagem cultural e respeitando o perfil de cada cidadão.

Todos os trabalhos desenvolvidos tiveram um resultado satisfatório, tendo como referência o principal intuito do programa, contribuir para ações que possibilitassem a oferta de formação pessoal e social, devido ao condicionamento. As atividades possibilitaram um grande grau de conscientização sobre a importância do serviço comunitário voluntário para protagonizar uma mudança social, em boa parte dos jovens, mas limitando-se à conscientização: não há garantia da aplicabilidade de ações sociais voluntárias. Diante das exigências do mercado de trabalho, da família, de adaptações sociais e da necessidade de pertencimento a um grupo, se não houver o condicionamento, como aconteceu no Juventude Cidadã, o jovens não se aplicarão em prol da transformação, salvo aqueles que demonstraram perfil e onde o grau de engajamento foi natural e espontâneo.

"Foi uma experiência muito positiva, na verdade, uma troca de experiências. Fiquei contente em saber através desse evento que muitos de seus direitos foram conseguidos inclusive o direito ao trabalho, à educação, ao lazer e à cultura."

* * *

"Nesse dia em que fomos à OAB, fomos aprender a lidar com a deficiência alheia, e a aprender como ser um pouco solidários com as pessoas, e ver que elas não são os deficientes que a sociedade vê."

Jovens que atuaram como voluntários no Dia Internacional dos Portadores de Necessidade Especiais

"O serviço voluntário foi uma notícia que nós recebemos meio que de surpresa, no início o pessoal falava um monte de bobagem a respeito e quando começou nós vimos que não se tratava de nada que tinham comentado."

Diógenes Oliveira,
do *Grupo Se Liga*

"Bem na primeira etapa do curso, no serviço voluntário eu trabalhava com recreação na escola Benedito. Eu gostei, porque apesar de eu adorar crianças eu também pretendo fazer faculdade de Pedagogia."

Daiana Lisboa, curso de
Secretariado FITO Norte

Capítulo IV

O *educar* e as propostas garantidas pelas políticas públicas

O *educar* é uma arte que se completa com as valorizações e propostas de vida, com a complexidade de informações e com o uso que você consegue fazer delas. Para muitos educar é obrigação da escola, para outros a obrigação se completa na escola.

Fui criada à moda antiga, e acreditem, o que aprendi consegui transmitir para muitos com exemplos de atitudes sérias e com sensibilidade para garantir que as pessoas à minha volta se sentissem extremamente lisonjeadas ao serem tratadas com educação e respeito.

Fomos educados para preparar pessoas a terem respeito e disciplina, mas como fazer em pleno século XXI para garantir que estas condições se coloquem de volta como necessidade, ou que se garantam como qualidade de vida?

"O velho não morreu e o novo ainda não pode nascer."

(Gramsci)

A história nos conta que a escola é um componente essencial do progresso. A única dificuldade desta afirmação é concluir que as nações são grandes porque sua escola é boa. Talvez devêssemos nos preocupar com o que as grandes escolas conseguem fazer com suas nações, mas não podemos deixar toda a responsabilidade por conta delas. Onde ficam os outros elementos que incorporam o papel de crescimento de uma nação, como a economia e as políticas públicas?

Isto nos leva a uma reflexão onde podemos identificar a escola como salvadora ou mera reprodutora de conhecimento para uma sociedade. Em um segundo momento, profissionais que dedicam suas vidas a ensinar e reproduzir da melhor forma possível o conhecimento, mas que não conseguem se encontrar diante da crise iminente que devasta o ensino, prejudicando a característica, os valores e princípios morais que sempre acreditaram estes educadores que, dantes símbolos de educação e complementação de cidadania, agora se encontram diante de situações difíceis de articular frente ao novo perfil do aluno que a cada dia chega aos bancos escolares.

A escola reflete um modelo homogeneizado, onde os alunos são agrupados em série e os professores são especialistas atuando em seu contexto disciplinador e técnico, contribuindo todos ao seu modo para garantir a proposta curricular elaborada e determinada pelas políticas públicas vigentes e determinantes da postura educacional.

Mas a ação pedagógica não deveria vir pronta para ser aplicada como um pacote fechado, e sim colocada de forma a dar liberdade para ser trabalhada, e todo professor o faria dentro de suas limitações e expectativas. Isto facilitaria a reflexão e a ação do profissional, favorecendo a construção do conhecimento, auxiliando no processo de desenvolvimento e conscientização social. Esta é a liberdade de atuação que pode ser desenvolvida em projetos.

Com a intenção de promover uma profunda transformação social e criar futuros alternativos, há que se criar uma experimentação de formas alternativas como referência de avaliação e condicionante para a geração de valores e aplicabilidade, com foco na emancipação do processo educativo, ampliando a bagagem do conhecimento entre grupos sociais bem mais amplos.

Seguindo nesta linha de raciocínio, o governo federal, através do Ministério do Trabalho e Emprego e auxiliado pela Organização Internacional do Trabalho (OIT), criou alguns projetos sociais que desencadeiam a construção de conhecimento para jovens de baixa renda, e promovem parcerias com as cidades e os municípios para que estes cursos sejam difundidos de forma ampla e com qualificação, de acordo com normas e padrões preestabelecidos. Além de preparar jovens para o mercado de trabalho, este projeto tem como foco também trabalhar noções de cidadania, incentivando o trabalho voluntário e valorizando os direitos humanos.

Segundo fontes da Agência Brasil, a implantação do Projeto Juventude Cidadã levou cerca de 60 mil jovens entre 16 a 24 anos a participar de cursos profissionalizantes. A intenção do Programa Nacional de Estímulo ao Primeiro emprego é a de qualificar estes jovens para o mercado de trabalho. Este projeto criado pelo MTE (Ministério do Trabalho e Emprego) há quatro anos já formou mais de 1 milhão de jovens e colocou no mercado cerca de 800 mil. A intenção é oferecer cursos na área de administração, cultura, construção, esporte, pesca, turismo e vestuário, entre outros.[1]

---

1. (17/01/2007 Fonte: Agência Brasil) Disponível em: <http://ondajovem.terra.com.br/tempo_real.asp?ID_Materia=1167>. Acesso em: 04/02/2007.

Na FITO, os cursos oferecidos foram: Assistente de Cenografia, Musical para Teatro, Luthier, DJ – Operador de Mixagem, Operador de Áudio (rádio), Assistente de Iluminação, Produção de TV – Assistente de Produção, Operador de Câmera, Editor de Imagem/Áudio, Fotógrafo, Auxiliar de Contabilidade, Auxiliar Administrativo, Técnico de Recursos Humanos, Secretariado, Eletricista Predial e Manutenção de Edificações – Inst. Elétricas e Telecomunicações.

Estes projetos sociais vêm para agregar e criar as alternativas necessárias para o jovem que não encontra espaço para construir sua vida profissional e que encontra dificuldades para adentrar no mercado de trabalho por falta de conhecimento técnico. As diferenças tecnológicas prolongam a distância e aumentam as conseqüências negativas para este processo de difusão de conhecimento, dificultando ainda mais as possibilidades de reverter deste quadro e trazer em abundância a justiça social.

As desigualdades a que temos de nos submeter refletem o quadro histórico de uma educação decadente e submetida aos desígnios dos poderosos. Os problemas gerados diante deste modelo totalitário só fazem aumentar estas distâncias.

Neste quadro, chegam até nós jovens que sofrem com as conseqüências deste modelo e que são parte integrante do processo ensino-aprendizagem, e que como protagonistas desta realidade desenvolvem dificuldades de reagir diante de um conhecimento aludido pelos profissionais, que tentam organizá-lo em estudos e práticas laboratoriais.

Estas previsões geram posturas e comportamentos que dificultam o processo ensino-aprendizagem e que precisam ser reorganizados para garantir a metodologia do trabalho, além da credibilidade e aceitação do projeto, pelos próprios jovens que adentram no curso, bem como pelos educadores que precisam entender a necessidade de se planejar de forma diferenciada as propostas de currículo mencionadas para se trabalhar com o público agora presente a sua frente.

Este projeto deve satisfazer a necessidade humana e suprir as expectativas difundidas pela mídia para este jovem, que além de vir sedento de conhecimento, também carece de pessoas que estejam dispostas a valorizá-lo como ser humano, a orientá-lo para construção da sua própria vida.

Dentro deste contexto, fatores como a exclusão social que é enfrentada diariamente por pessoas, cujos valores foram desvirtuados ao longo de uma realidade histórica, culminam em uma disputa do progresso tecnológico, do avanço do conhecimento e da melhor qualificação do profissional, antes submetido única e exclusivamente à esfera privada, e que passa a ser submetido agora à esfera pública.

Para Émile Durkheim — fundador da Escola Francesa de <u>Sociologia</u> (<u>Épinal</u>, <u>15 de abril</u> de <u>1858</u> — <u>Paris</u>, <u>15 de novembro</u> de <u>1917</u>) — cujo trabalho tem os princípios na reflexão e no reconhecimento da existência de uma "Consciência Coletiva", o eixo de todo o processo não é a supervalorização da competitividade, da liberdade, da qualidade e da eficiência para poucos e a exclusão das maiorias, mas da solidariedade, da igualdade e da democracia.

Ainda para Karl Marx — o progresso tecnológico não é simplesmente um acompanhante do capitalismo, mas um ingrediente vital dele. Os negócios precisam inovar, inventar e experimentar se quiserem sobreviver; os negócios que param, satisfeitos com suas conquistas passadas, não servem para este mundo empreendedor.

Podemos perceber que a preocupação com as diferenças, incluídas as tecnológicas, sobrepõe o tempo e as con-

quistas; as previsões já manifestavam momentos de dificuldades que o capitalismo e a estrutura econômica vigentes
consideravam adaptáveis.

Estes processos só nos revelaram o enfraquecimento
da escola pública, gerando um modelo de alfabetização fun-
cional que deixou muito clara a proposta de escola unitária
para o ensino médio e fundamental e que se esqueceu de
que o mercado de trabalho está aí para ser conquistado e
que as políticas criadas foram as geradoras desta deficiência que agora devemos suprir com muitas dificuldades de
aprendizado.

A educação técnica e profissionalizante era condicionante de uma classe elitista e fez promover a seletividade
como ajuste para o mercado de trabalho. O processo de compreensão deste fenômeno deve levar em conta o poder de
abstração do aluno, o seu nível de capacidade de absorção
da teoria e a tentativa de sua aplicabilidade na prática e,
conseqüentemente, sua disposição para trabalhar e garantir a melhor qualidade de tudo aquilo a que se propõe fazer.
Falta para este jovem do projeto a oportunidade de demons-
trar sua criatividade e de receber os fundamentos científico-
intelectuais, para garantir sua sobrevivência no mercado.

Há que se identificar um atraso e uma defasagem para
a qualificação e intensificação do modelo de integração e
formação do técnico especialista em diferentes áreas do conhecimento. A própria LDB (Lei de Diretrizes e Bases) tem
na prática uma vida curta por não expressar os anseios e
direitos da sociedade. Há que se destacar aqui o dilema dos
setores mais avançados que precisam de profissionais competentes e capacitados para o desenvolvimento do trabalho
técnico, mas que dificilmente os encontram no mercado de
trabalho por falta de cursos que atendam a esta demanda.

O que podemos perceber foi um avanço do setor privado para garantir e suportar esta demanda, porém não garante a extensão para jovens com poder aquisitivo baixo, ou seja, os cursos não são de acesso fácil para a maioria da população, em sua grande maioria os custos são altos, principalmente os de manutenção, pois é necessária uma atualização constante para garantir a demanda em alta.

A descentralização gerou esta demanda para suprir a necessidade do mercado, o investimento requer tempo além de muita flexibilização de todos os órgãos competentes envolvidos no processo, precisamos contar com a democratização e eficiência para garantir o sucesso de todo e qualquer novo empreendimento. Pensando neste sentido surgiram as parcerias e convênios, como um plano emergencial, com a intenção de melhorar o enfoque do ensino profissional, atendendo ao mercado carente de profissionais competentes em determinadas áreas do conhecimento. Momento pelo qual se optou em trocar a dialética na e pela *práxis*.

Em suma, a educação e a formação humana não avançam de forma arbitrária, mas de forma necessária e orgânica, com um conjunto de práticas sociais elaboradas de forma a garantir o funcionamento e conseqüente necessidade do mercado. Sabemos que haverá cada vez mais espaço nas empresas para os profissionais que reconhecem as suas próprias características pessoais e têm consciência do quanto elas interferem na maneira de como gerenciam e lideram seus pensamentos e ações no campo do trabalho.

Os alunos que compareceram ao curso oferecido pelo Programa Juventude Cidadã nas instalações da Fundação Instituto Tecnológico de Osasco — FITO puderam contar com profissionais altamente capacitados, entre eles professores especialistas, mestres e doutores, que desenvolvem um trabalho com esmero e dedicação.

Em sua grande maioria, os profissionais dedicam-se ao magistério e à livre docência há mais de dez anos; portanto, podemos concluir que ao ministrar suas aulas não encontrariam problemas frente ao conteúdo elaborado como proposta curricular de cada curso. As dificuldades encontradas por nossos educadores ficaram a cargo do jovem que chega sem embasamento de conteúdos essenciais para prosseguimento em qualquer nível de estudos, seja ele profissionalizante ou superior. O professor acaba se deparando com uma nova realidade e se vê obrigado a replanejar suas aulas a fim de conseguir fazer o melhor possível por seus novos alunos.

Nossos profissionais desconheciam estes projetos sociais e admitem nunca haver trabalhado com esta clientela, a não ser em trabalhos voluntários, salvo alguns profissionais que tiveram a oportunidade de ministrar aulas em escolas públicas, onde o perfil do aluno era semelhante ao encontrado neste programa.

Acreditamos que a oportunidade dada aos alunos é de grande valia, mas que seria melhor aproveitada se houvesse um estudo prévio das condições do aluno que se inscreve, garantindo um resultado positivo, que levasse para o mercado de trabalho profissionais altamente qualificados. No entanto, como nos deparamos com uma realidade adversa, acreditamos que fizemos o melhor que pudemos e conseguimos, em sua grande maioria, transformar e semear novos profissionais, seres humanos que aprenderam a se valorizar como pessoas responsáveis e que agora descobriram que precisam lutar por aquilo que realmente desejam.

A continuidade de todo e qualquer projeto depende do sucesso e da vontade de seus idealizadores, para tanto, alguns dos profissionais envolvidos acham que para garantir a eficácia deste e de outros projetos sociais, faz-se neces-

sária uma comunicação mais eficaz, de um melhor acompa-
nhamento dos jovens no sentido de cobrar sua presença em
sala de aula.

Para alguns dos professores, a evasão, mesmo que
mínima, ocorrida principalmente nos cursos de Secretariado, Auxiliar Administrativo e Auxiliar de Recursos Humanos, ocorreu pelo fato dos jovens não conseguirem acompanhar o rendimento do conteúdo pautado, o que se justifica
por sua vergonha em questionar o professor. Para estes professores, o que os jovens não entenderam é que estes profissionais dedicam seu trabalho para garantir e criar alternativas de aprendizagem; isto dificulta o trabalho do professor,
quando não se compreende claramente o que eles precisam
para garantir a captação do conteúdo ministrado em sala
de aula, pois foge ao controle uma avaliação mais pertinen-
te do rendimento do aluno, para que se possa elaborar uma
recuperação de pontos essenciais que lhe garantam a continuidade dos estudos ou mesmo a melhor colocação no mercado de trabalho.

Projeto Juventude Cidadã

Situação Inicial

A sala estava cheia de jovens entre 16 e 24 anos. Havia
uma mistura de origens e condições sociais. A postura era a
mesma das escolas públicas, a conversa, a indisciplina, a
postura agressiva. A proposta era outra.

Tornar em seis meses aqueles alunos em profissionais.
Nem o professor e nem o aluno sabiam direto como fazer
aquilo. As expectativas eram diferentes. O docente planeja-
ra e munido de um programa queria passar o conteúdo. O
discente nem sempre sabia o que queria.

Os personagens

Aos poucos as salas de aula começaram a esvaziar, o professor foi percebendo que o conteúdo só na bastava. O problema era mais complexo.

Faltava a formação básica. Ensinar correspondência empresarial para alunos que não conseguiam escrever uma frase correta? Ensinar gramática, em tão pouco tempo, impossível! Do outro lado: Português? Matemática? Isso eu aprendo na escola. Ou não aprendo, passo. O conflito estava instalado. O que fazer?

Ação

A angústia crescia, o tempo passava. Tempo. Parar. Pensar e repensar.

Analisar. Quem era aquele aluno? Quais suas dificuldades? Quais suas expectativas?

Meu público era o aluno de periferia, gerado na escola pública, desprovido de qualquer bagagem cultural, seu único lazer é a televisão e, às vezes, o baile funk, gosta de rap e rock, jeans, piercing, tênis e coca-cola. Vive a carência de quase tudo e deseja muito. Repete careta: fazer uma faculdade, casar, constituir família, ter filhos, subir na vida. Inocente da vida e vivido da dureza dela. Alegre, anárquico, elétrico como qualquer adolescente, mas com a responsabilidade de gente grande: trabalhar para ajudar a família. Perdido entre velhos valores e a ferocidade da competição no mundo da globalização, a palavra que define sua experiência é: NÃO. Não ter dinheiro, Não ter acesso à cultura, Não ter perspectiva, Não ser respeitado, Não ser ouvido, e não e não e não.

A didática tinha que ser afirmativa. Sim para o pensamento lógico. Sim para a analogia. Sim para o pensamento crítico. Sim para a criatividade.

Sem discriminação e sem paternalismo. Democrática e insersiva.

Texto. Leitura e escrita. A frase e sua lógica. O silogismo. A paráfrase e a paródia. A construção do texto respeitando a linguagem e a criatividade. O respeito a fala e não a regra, sem repressão. A correção é participativa. O incentivo é parodiar o certo, intencionalmente.

Mostrar o modelo e desconstruí-lo em sua lógica e contexto, e reconstruí-lo em outro texto e contexto. Enfim, respeito e auto-estima.

Desfecho

Começar de novo, reconstruir a linguagem como algo lúdico e prazeroso.

Brincar com a palavra, com a frase, com o texto. Desrespeitar a gramática pela primazia da língua enquanto construção do sujeito. O sujeito que se expressa e se forma: o sujeito criador e criatura.

Primeiro o conhecimento, depois a técnica. E, no fim, o texto técnico.

Modelos a copiar. Primeiro criar, depois copiar. Copiar com consciência.

Professora Márcia Ignez Massaini

Estes professores identificaram, também, que por se tratar de um projeto que, para a FITO, foi piloto, serviu para que pudéssemos identificar falhas e melhorarmos de forma significativa, em especial nas propostas e metodologias de trabalho, garantindo a melhor qualidade e capacitação destes jovens em projetos futuros.

A grande maioria dos professores relatou que existe a necessidade de estudos coletivos e propostas de trabalho para garantir melhorias contínuas para projetos deste porte. Criar alternativas para diminuir a distância entre aluno e professor oferecendo suporte didático-pedagógico e tornando os alunos conscientes da dimensão e importância de sua dedicação não somente para complementar o seu futuro, mas para garanti-lo, conseguindo parceiros para absorver estes novos profissionais no mercado de trabalho através da realização de estágios.

"A impressão que se tem dos alunos do Projeto Juventude Cidadã, em primeira análise, é a de que eles chegaram num ambiente mais cuidado do que o das escolas públicas, acarretando na falta de cuidado, por alguns jovens, com a preservação do ambiente. No decorrer das aulas, entretanto, ocorreu a mudança; pareceu terem melhorado essa visão, embora continuem a entrar nas salas de aulas sem pedir licença, e a olhar os professores com ar de superioridade. Para um professor universitário é estranha tal postura que, infelizmente, reflete a realidade das escolas públicas. A surpresa, contudo, veio no transcorrer dos cursos: a maioria dos jovens está verdadeiramente interessada, apesar das dificuldades no próprio processo de aprendizado, mas percebe-se ali excelentes talentos profissionais, que só esperam por uma chance para poder desempenhar seu papel social. Têm a esperança de que esses cursos venham a melhorar sua condição social, e achei extremamente importante esse tipo de treinamento, embora, honestamente, eu considere o tempo exíguo para formar um profissional técnico. Como professora, eu gostei muito da experiência, e espero que ela continue e possibilite a descoberta e o nosso apoio para novos talentos. Já havia lidado com alunos menos alfabetizados em projetos do governo estadual, e nada paga o brilho nos olhos de um aluno que se percebe como uma pessoa socialmente útil, e tendo a real possibilidade de melhorar sua qualidade de vida. É assim que eu sinto."

Katia Cassemiro, professora de Técnicas Secretariais e Recursos Humanos.

"Jovens alegres, brincalhões, quietos, falantes, tímidos, mães, impetuosos, tristes,.... mas jovens. A maioria tentando aprender e entender assuntos técnicos como Contabilidade Básica e Escrita Fiscal, pois desejam um emprego.

Cada um na sua limitação buscando uma oportunidade para trabalhar e prosperar na vida. Chegaram aqui! Isto é importante! É mais uma esperança, mais uma alternativa para tentarem.

Nestas três turmas percebi que a maioria destes jovens, com incentivo, orientação e uma oportunidade vai conquistar uma vida melhor. Nestas turmas, tenho plena consciência de que alguns, realmente, ainda não possuem maturidade para participar de projetos que os qualifiquem profissionalmente, ou seja, não estão aproveitando a oportunidade, porém para outros (a maioria), este curso foi muito bem aproveitado. Basta acompanhar suas anotações e observar o orgulho deles quando mostram o que estão fazendo.

Molecagens? Malcriações de vez em quando? É próprio do jovem, desde que em níveis aceitáveis. No início ocorreram alguns casos, mas depois, todos se ajustaram ao ritmo e à proposta do curso.

Torço para que estes jovens consigam um emprego, pois a proposta do Juventude Cidadã conseguiu incentivá-los e, com certeza, se alguns conseguirem emprego, o objetivo estará alcançado.

A convivência entre estes jovens, os professores técnicos, os professores de cidadania e monitores, fez com que todos nós saíssemos diferentes, positivamente, do modo que entramos.

Prof. Irene, auxiliar de Contabilidade

Afinal...

quem pode escolher o futuro?

Se depender dos educadores e da família, o jovem deve se tornar, profissionalmente, aquilo que desejam para ele. Esta é a Educação que presenciamos todos os dias: a criança e o jovem dependente é visto como *"bom caráter"* quando manifesta sua subordinação.

Não importa a classe social, eles são manipulados da mesma maneira. O que os diferencia é o grau de expectativa da família e dos educadores sobre sua vida. Isso e mais ainda, quantos jovens escolhem suas profissões visando a demanda do mercado e apenas retorno financeiro, deixando de lado a verdadeira satisfação de fazer aquilo que realmente gosta?

Confiar na capacidade de escolha e deixar que o jovem descubra seu talento para que exerça uma profissão que lhe traga prazer foi o desafio que nos propusemos realizar. É pretensão imaginar que este projeto fez a diferença na vida destes mais de 800 jovens, mas é real afirmar que tentamos derrubar tabus. As estatísticas primam pelas catástrofes: jovens matando, jovens morrendo, etc.

Estudos, projetos, ações afirmativas não darão conta de mudar esses números se não mudarmos, cada um, as relações familiares, sociais e educacionais.

É tão simples e, ao mesmo tempo, tão difícil, pois mexe com nossos conceitos e preconceitos e tira de nós, adultos, a oportunidade de exteriorizar nossa experiência de vida ao jovem e de querer poupá-lo dos percalços pelos quais todos nós passamos, talvez pela vaidade de mostrar que *demos certo...*?

É premente saírmos desta zona de conforto e darmos a devida atenção para mudar este fluxo, pois, da forma como está, estamos repetindo, repetindo e repetindo o que não deu certo nem pra nós, nem para os nossos pais e muito menos para os nossos avós...(com raríssimas exceções).

Vamos nos respeitar e respeitar o outro, caminhando lado a lado e não à frente, tentando reparar os erros do nosso caminho na trilha que pertence ao outro.

Fundação Instituto Tecnológico de Osasco — FITO
Equipe do Projeto Juventude Cidadã

Alexandre Cavalcante Albuquerque

Alexandre Lacotis de Farias

Almerinda Rita Suzano

Andréa Pascual LLopis

Carlos Alexandre Silvério

Carlos César Rafaelli Munhoz

Carlos Eduardo Leonardo Alves

Carlos Eduardo Pato

Cíntia Campolina de Onofre

Claude Silva Lima

Claudia dos Santos

Edileusa Gomes de Melo

Edineuza Antunes Villoslada

Edson Donizetti Zaffani

Eliane Aparecida Costa Sanches

Favio Ferreira

Felipe Phitan dos Santos

Fernanda D'Agostino Dias

Ítalo Rodrigues de Faria

Ivan Luis Gomes

José Siqueira Filho

Kátia Cassemiro

Luciene Oliveira de Almeida

Luiz Marcos do Nascimento

Maiza Tempesta

Márcia Ignez Massaini

Marcio Pereira da Silva

Marcos Gregório da Silva

Marcos Roberto Menezes de Jesus

Maria Clara Lopes Saboya

Maria Claudia da Silva Reis

Maria Irene de Carvalho Feitoza

Mariana Figueiredo

Marina Góes de Mello

Natalia Figueiredo Goncharenco

Nayara Morgado de Souza

Nicanor Ferreira Cavalcanti

Nilza Marques

Paulo Cezar Pagnossim

Paulo Theodoro da Silva Sabatto

Priscila Silva Bueno

Ricardo do Ó Plácido

Roberto de Castro Dias

Roberto Kenjii Hiramatsu

Sandra Bianca Henriques

Sérgio Tadeu Dias Gobatti

Sheila de Sousa Teixeira

Sidney Pires de Oliveira

Suneaki Yshimaru

Thiago Camargo Rojo Silva

Thiago Heleno Monteiro Martins

Valdir Costruba Archipavas

Vladimir de Oliveira Soares

Waldir Alfonso Junior – DJ Tubarão

Wilton Carlos Amorim Rezende

Yutaka Torritani

Secretaria de Desenvolvimento, Trabalho e Inclusão
Equipe do Projeto Juventude Cidadã

Gil Eduardo Pereira

Juliana Zannini

Luana Soncini

Marcelo Phintener

Rafael Dall Olio

Rosely Ascar

Sergio Ricardo Donda

Vanessa Maíra

Solange Vaini

Ministério do Trabalho e Emprego
Projeto Juventude Cidadã Equipe Técnica:

Ana Carla Souto Rocha

Ely Alves Silva

Elyszulângela Maria de Morais Silva Ramos

Isabella da Mata Barbosa

Jaqueline Aben-Athar de Sousa

João Alves Brit es

Lázara da Costa

Leticia Siqueira

Marly Saliba Rebouças